엄마에게 보내는 편지

발달장애, 자폐스펙트럼장애 아동의
부모님을 위한 긍정적 양육방법과 조언

Σ시그마프레스

엄마에게 보내는 편지

발달장애, 자폐스펙트럼장애 아동의
부모님을 위한 긍정적 양육방법과 조언

발행일 | 2015년 6월 1일 초판 1쇄 발행

저자 | 존 클레멘츠
역자 | 김미경
발행인 | 강학경
발행처 | (주)시그마프레스
디자인 | 김경임
편집 | 이지선

등록번호 | 제10-2642호
주소 | 서울특별시 영등포구 양평로 22길 21 선유도코오롱디지털타워 A401~403호
전자우편 | sigma@spress.co.kr
홈페이지 | http://www.sigmapress.co.kr
전화 | (02)323-4845, (02)2062-5184~8
팩스 | (02)323-4197

ISBN | 978-89-6866-440-3

Letters to the Home Front

Positive Thoughts and Ideas for Parents Bringing Up Children with Developmental
Disabilities, Particularly those with an Autism Spectrum Disorder

＊ 책값은 책 뒤표지에 있습니다.
＊ 이 도서의 국립중앙도서관 출판시도서목록(CIP)은 서지정보유통지원시스템 홈페이지
(http://seoji.nl.go.kr)와 국가자료공동목록시스템(http://www.nl.go.kr/kolisnet)에서 이용하실 수
있습니다.(CIP제어번호: CIP2015014232)

엄마에게 보내는 편지

John Clements 지음 | 김미경 옮김

발달장애, 자폐스펙트럼장애 아동의
부모님을 위한 긍정적 양육방법과 조언

Σ 시그마프레스

리사와 짐, 리온과 사샤에게

차례

지난 40년간 제가 만난 가족 모두에게 감사의 말을 전하고 싶습니다. 제게 많은 것을 알려 주었고 덕분에 감사하게도 이렇게 성공적인 커리어를 쌓을 수 있었습니다. 제가 받은 만큼 돌려 드릴 수 있기를 소망합니다. 아내 쉐를과 아들 노아에게도 고마움을 표현하고 싶습니다. 많은 것을 가르쳐 줬고, 서포트를 아끼지 않았으며 글 쓰면서 예민했던 제 모습을 다 받아 주었습니다. 쉐를은 또한 이 책이 나오기까지 조언을 아끼지 않았습니다. 여보, 더 이상 책 안 쓸게. 이렇게 다짐해야겠...지? 지난 몇 년간 저와 많은 의미 있고 통찰력 있는 대화를 주고받았던 수 텔캄프를 빼놓을 수 없군요. 제시카 킹 즐리 출판팀, 특히 제시카에게 마지막으로 고맙다는 말을 전합니다. 지난 15~20년간 함께 파트너로 일하면서 격려와 도움을 아끼지 않았던 점 고마워요.

제가 처음으로 자폐 아동의 손을 잡은 순간은 오래전 학생 시절 장애 아동을 위한 특수학교에서였습니다. 지금도 생생한 기억 중 하나는 양손에 두 아이의 손을 잡고 학교 근처 동산을 오르내리는 것이었습니다. 처음에는 행여 손을 놓으면 어디로 달아나 버릴까 온 팔에 힘을 주고 아이들을 이끄느라 기진맥진한 날이 많았습니다. 그러던 어느 순간 아이들은 자연스레 제 손을 이끌며 함께 산책하는 것을 즐기게 되었습니다. 일방적으로 한쪽이 이끄는 산책이 아니었기에 은근히 야외체험을 기다리는 제 모습을 발견하게 되었습니다.

특수학교의 아이가 아니었더라도 아마 저는 아이의 손을 먼저 놓지는 못했을 겁니다. 그렇지만 특수학교 아이의 손이 이끌던 산책이 제 마음에 주었던 선물은 일반학교의 아이들과 함께할 때와는 또 다른 감동을 주었습니다. 이 책의 저자 클레멘츠 박사는 자폐 아동이 선사하는 이런 경험과 느낌을 뒤엉킨 축복이라고 표현합니다.

발달장애라는 꼬리표가 부모님에게 부담감과 스트레스를 주지만 동시에 발달장애 아동만이 줄 수 있는 선물이 있기 때문입니다.

이 책은 이와 같이 자폐를 포함한 발달장애 자녀를 둔 부모님을 위한 리얼한 생활 가이드북입니다. 기숙 프로그램을 고르는 방법, 약물치료 여부와 같이 한 번쯤은 직면하게 되는 문제들부터 인터넷에 돌아다니는 무한한 정보들 중 결정에 도움이 될 만한 정보를 선별하는 방법, 전문가와 기관에 맞서야 할 때의 대처 방법과 같이 부모의 입장에서 필요한 정보들을 담았습니다. 또한 자폐 아동과 함께 자라는 형제자매의 양육에 대한 조언과 부모가 더 이상 자녀의 보호자 역할을 할 수 없게 될 때를 위해 지금부터 준비할 수 있는 대책, 자녀 양육으로 온 에너지를 소진하고 부부로서의 삶뿐만 아니라 부모라는 타이틀 외의 삶이 존재하지 않는다고 여겨질 때 힘이 되는 내용까지, 크고 작은 부모님의 궁금증과 어려움을 해결하는 데 가이드라인을 제시할 수 있는 내용들을 담고 있습니다.

또한 보다 부모님들이 쉽게 다가갈 수 있도록 이 책은 자폐를 안고 세상에 나온 편지들로 구성되어 있습니다. 성인이 된 자폐 자녀가 부모에게 보내는 편지로 시작해서 클레멘츠 박사가 임상 현장에서 만난 부모님들과 주고받은 편지는 물론, 자폐 분야의 전문가로서 임상경험과 전문지식을 바탕으로 클레멘츠 박사가 직접 이 책을 읽는 부모님들께 드리는 매우 솔직한 편지로 구성되어 있기 때문입니다. 어떤 편지는 읽는 이의 마음을 짠하게 만들기도 하고, 어떤 편지는 여러분에게 아무도 말해 주지 않는 진솔한 정보를 제공하기도 하며, 또 자폐 자녀를 둔 부모라면 서로 말하지 않아도 공감할 수밖에 없는 내용도 담고 있습니다.

이 책은 자폐 아동을 자녀로 둔 한국의 부모님을 응원하고 좀 더 지혜로운 결정을 내리는 것을 돕기 위해 번역된 책입니다. 여러분의 자녀가 의미 있는 삶을 영위하고 여러분의 가족이 행복해지고 또 부모님으로서의 자부심과 긍지를 가지도록 하는 데 힘이 될 것입니다.

마지막으로 이 책을 한글로 소개할 수 있도록 도와주신 시그마프레스 강학경 사장님, 꼼꼼하게 교정을 도와주신 이지선 편집자님께 다시 한 번 감사드립니다.

자녀를 양육하는 모든 부모님이 진정으로 행복해지기를 바라며....

영국 케임브리지에서

김미경 드림

아이를 잘 키운다는 것은 어떤 부모에게나 어려운 일입니다. 자폐나 다른 발달장애를 가진 아이를 잘 키운다는 것은 훨씬 더 어려운데요. 행동적인 문제가 지속되는 기간이 길어지고 심각해질수록 그 어려운 정도는 배가됩니다. 그들의 자녀가 성장함에 따라 부모는 많은, 수많은 선택을 하게 됩니다. 그중에는 소위 단기적 계획에 대한 선택도 있습니다. 특정 행동문제를 어떻게 접근할 것인지, 특수한 치료를 할 것인지, 지금 다니고 있는 센터와의 문제를 어떻게 해결할지와 같은 것이 그 예입니다. 그렇지만 장기적 계획을 요하는 선택도 있습니다. 우리 아이가 어디서 살도록 할지, 다른 자녀들은 어떻게 키울지, 아이가 어른이 되고 부모가 더 이상 도울 수 없는 상황이 되면 어떻게 해야 하는지에 대한 선택이 그러합니다. 이런 선택의 상황 앞에 있는 부모들이 받을 수 있는 도움은 종종 제한적이고 또한 그 도움이 실제로 얼마나 효과가 있는가에 대해서도 의문이 드는 때가 있습니다. 이런 선택의 상황에서 도움이 되길 바라는 마음에서 이 책이 시작되었습니다. 이 책이 여러분의 불안을 없애고, 통찰력을 얻게 하고, 생각을 다듬어서 현실적인 답안을 도출하는 데 유용하기를 바랍니다. 필요할 때 찾아보는 '여행 가이드' 정도라고 생각해 주세요. 이 책은 부모라면 누구나 마주치게 되는 모든 문제들을 이해하기 쉽게 다루고자 한 지침서이지 교과서가 아닙니다. 제가 상담했던 부모님들과 주로 나누었던 문제들을 다루고 있기도 합니다.

부모님뿐만 아니라 발달장애아를 다루는 기관에도 유용할 것입니다. 이런 기관에서 일하는 교사, 심리학자, 의사, 사회복지사와 그 외 관련 종사자들이 맡은 소임을 잘해내기 위해서도 부모가 어떤 역할을 하느냐가 중요합니다. 집에서 잘 지내는 것이 이 모든 것을 가능하게 하는 첫 번째 단추입니다. 너무 뻔하게 들릴지 모르겠지만 아동의 복지를 생각한다면 이런 관점은 부모를 위한 서비스로 이어져야 마땅합니다. 제가 일했던 지난 40년간 어느 정도의 진전은 있었습니다만, 안타깝게도 아직 많이 미약합니다. 많은 부모들이 집에서 씨름하는 문제들에 대한 실질적 도움을 얻는 데 제한적입니다. 도움을 받고 있는 부모조차 집에서 일어나는 문제들에 대한 죄책감과 비난을 감수해야 했습니다. 저는 자폐와 관련된 기관과 관련 종사자들이 자폐아의 가정에서 일어나는 일들과 양육과정에 대한 현주소를 알고 더 깊게 이해할 수 있기를 바랍니다. 각자 자신의 집에서 일어나는 일이 아니면 자폐 아동이 있는 집의 일상과 삶이 어떨지 상상해 보기 어려울 것입니다. 하나 말씀드리자면, 가족이 가족다운 삶을 얻게 하는 데만 부모는 상상할 수 없을 만큼의 시간을 쏟아붓는데, 이 책에서 이런 부분을 좀 더 현실적이고 생생하게 만나시게 될 것입니다. 이를 통해 사람들이 자폐아를 둔 부모들에게 좀 더 마음을 열고, 이 책에서 다루고 있는 문제들로 힘들어하는 부모님들을 쉽게 판단하기보다 그런 부모들이 주위에 있다면 어떻게 효과적인 도움을 줄 수 있을까 모색할 수 있는 계기가 되길 바랍니다.

이 책의 구성

이 책은 제가 부모님들과 실제 상담으로 또는 전화나 이메일을 통해 주고받은 상담내용을 바탕으로 부모님께 보내는 편지로 구성되어 있습니다. 왜 편지 형식이냐고요? 왜냐하면 제가 듣기로 부모님들이 받는 편지는 대개 안 좋은 소식(이를테면 '나쁜 행동'으로 인한 부모 소환, 아동의 징계 또는 퇴학)을 담고 있다는 이야기를 종종 들었기 때문입니다. 적어도 이 책의 편지들은 오히려 부모님들의 마음을 달래 주고 도움이 되는 소식들이길 바랍니다.

이 책은 4개의 소챕터로 구성되어 있는데 기억하셔야 할 것은 처음부터 끝까지 순서대로 읽기보다는 필요한 부분을 그때 그때 찾아

읽으실 수 있도록 구성되었다는 점입니다. 앞 내용을 읽지 않아도 뒤 내용을 이해하는 데는 전혀 지장이 없으실 겁니다. 하지만 어떤 부분이 필요한지를 선택하시는 데 다음의 간략한 설명이 도움이 될 것입니다.

Section 1

어떤 관점에서 보든 발달장애가 있는 아이를 키우는 것은 어렵습니다. 아이를 키우는, 특히 발달장애아를 키우는 부모로부터 종종 듣는 말은 아이를 사랑하는데 과연 이런 마음이 자폐아 자녀에게 전해지는지는 모르겠다는 것입니다. 부모는 쉽게 대체되고 또 도움이 별로 되지 않는, 그렇게 버려지는 존재로 느낄 때가 있다고 합니다. 자녀에게 자신이 어떤 의미인지 얼마나 의미 있는 사람인지 모르겠다는 의미이기도 합니다. 실제로 아이들의 표현은 분명하지 않기도 하고 그 표현하는 정도 또한 부모가 들이는 정성에 비례하지 않기 때문에 아이들의 표현을 읽는 것은 어렵습니다. 하지만 그 상황 밖에 있는 사람인 저에겐 오히려 아동의 발달과 삶의 질에 있어서 부모가 미치는 영향이 의심할 여지 없이 더 잘 보이기도 합니다. 제 증언만으로는 부족할 것 같아서 3명의 젊은이를 섭외했습니다. 우여곡절의 성장과정을 거쳤지만 지금은 긍정적인 그래프를 그리며 살아가고 있는, 자폐를 안고 살아가는 이들 세 젊은이에게 부탁했습니다. 가족에게 보내는 편지를 써 달라고. 어린 시절 그들이 느꼈던 고마움과 어떤 것들이 그들에게 도움이 되었는지를 표현해 달라고. 또한 오히려 도움이 되지 않았던 것도 빼먹지 말아달라고.

Section 2

어떤 특정 상황에서 '어떻게 대처할까?' 하는 의문보다 양육과정에서 전반적으로 발생하는 의문과 문제들을 다룹니다. 지난 수년간 제가 부모님들과 자주 상의한 내용이기도 합니다. 쉽게 답할 수도 없고 정답도 없는 문제들이지만 부모라면 한 번쯤 마주하게 되는 중요한 결정의 순간에 관한 내용들입니다.

Section 3

자폐와 관련된 매우 심각한 행동적 문제들을 어떻게 다룰 것인지에 대해 각 부모에게 보내는 편지 형식으로 자폐의 이상행동에 대한 문제를 다룹니다. 관련된 가족들의 동의하에 각 가정과 실제로 나눈 대화를 토대로 하되 익명성 보장을 위해 너무 세부적인 내용은 각색하였습니다. 대화는 직접면담, 이메일, 전화의 방식으로 진행되었고, 몇 주 혹은 몇 년에 걸치기도 했습니다.

Section 4

잘 다루어지지 않는 비주류의 내용을 담았습니다. 현재에 맞도록 재조명하고 의문을 제시하고 주류에 대항하는 것은 쉽지 않습니다. 학회에서 논의된 내용들을 상세하게 늘어놓으면서 숨겨진 진실을 밝히는 게 아니라 참고자료용, 사고전환을 위한 것임을 먼저 말씀드리고 싶습니다.

이 책을 읽는 부모님들이 자신에게 닥친 문제들을 새로운 시각에서 생각해 보고 다른 관점의 생각도 눈여겨보되, 증거와 관련 자료를 요구하는 데 도움이 될 것이라고 생각하기 때문입니다. 사실 이런 점은 매우 중요합니다. 디지털 시대에 하나의 옳은 길을 고집하기 어렵고 인터넷이 어마어마한 양의 정보를 제공하듯, 학계에서 나오는 정보 또한 꽤나 복잡한 언어를 사용하고 있어 도움이나 학습 없이 정보를 이해하는 것도 쉽지 않습니다. 자폐에 대한 진실과 전문가의 소견이 분리되지 않고 전해지기도 하며, 자주 회자되는 의견이 마치 사실처럼 받아들여지기도 합니다.

이 마지막 장은 사실 규명과 올바른 정보 전달을 목적으로 선택의 상황에서 타인의 의견에 의지하기보다 충분한 증거를 바탕으로 부모님이 스스로 선택하는 것을 돕는 데 그 목적이 있습니다. 그게 인터넷에서 떠도는 말이든 저명한 전문가에 의한 의견이든, 소위 사람들이 정설이라 믿는 바에 의함이 아닌 비판적 사고에 의한 이러한 접근은 각 가정이 원하는 바를 이뤄내는 데 더욱 도움이 될 거라 저자는 믿습니다.

Section 1

가족에게
보내는
편지

가족에게 보내는 편지

자폐 증후군을 안고 살아가는
세 젊은이의 성장과정 이야기

저는 의사표현이 명확한 3명의 자폐를 안고 살아가는 젊은이에게 자신의 성장과정에 대해 되돌아보고 부모님에게 드릴 편지를 써 볼 것을 제안했습니다. 편지에는 그들이 고마웠던 점, 도움이 되었던 점과 함께 문제가 되었거나 힘들었던 점도 부탁했습니다. 딘, 한나, 알렉스는 기대 이상의 답을 주었습니다. 한나는 편지 형식이 자신에게는 맞지 않는다며 스스로를 표현하기에 더 적합한 방식을 구상하여 보내 줬습니다. 가족들에게 받은 도움에 대한 이 세 청년의 인식은 가족들이 예상하는 수준을 뛰어넘습니다. 이제는 여러분이 딘, 한나, 알렉스의 편지와 함께 그들 자신이 직접 쓴 짧은 자기소개문을 만나실 차례입니다.

딘이 엄마에게 보내는 편지

엄마에게

엄마도 기억나죠? 영국 방방곡곡의 학회를 돌아다니면서 제가 아스퍼거 증후군으로 살아가는 것에 대해 강연할 때마다 항상 듣는 말을요. "네 엄마는 널 참 자랑스러워하겠구나." 이상하게 들리겠지만, 저는 알아요. 엄마가 날 얼마나 자랑스러워하는지.

엄마가 저를 자랑스러워하기까지 걸린 여행은 정말로 쉽지 않았어요. 그렇죠? 아기였을 때 잠들지 않기 위한 저의 발악은 세계 챔피언급으로 고약했고, 해가 지나도 전혀 나아지지 않았죠. '닥터후(영국 TV 드라마−역주)'를 보고 자겠다고 떼쓰는 여섯 살짜리 천방지축 꼬맹이를 재우는 일은 제가 생각해도 완전 악몽이었을 거 같아요. 결국 엄마가 포기해야 했죠. 전부 포기해야 했죠. 심지어 엄마의 커리어까지도요. 왜냐하면 엄마는 정말 진이 다 빠지는 하루하루를 버텨 가며 저를 키워야 했으니까요. 그게 다 저 때문이라는 생각이 머릿속에서 사라지지 않아요. 진이 빠진다는 표현보다 더 꼭 맞는 표현은 없을 거 같아요. 목욕 거부, 계단 꼭대기에서의 고성방가, 폭력, 반항…. 엄마, 엄마는 대체 어떻게 다 견딘 거예요?

학교를 다니기 시작하면서 모든 것은 더 험난해 보였죠.

엄마는 나를 양육하는 데 모든 것을 투자했는데도 전문가들이 제 나쁜 행동들은 다 당신의 양육 태도 탓이라고 할 때 엄마는 그것을 묵묵히 들어야 했어요. 엄마가 상처받았을 것 같아요. 어쩌면 특수장애 아동을 키우기란 세상에 가장 힘든 일일 거예요. 해볼 수 있는 건 다 해보고 노력했음에도 불구하고 권위 있는 사람들에게 쉴 새 없이 나쁜 말을 듣는 것은 한 사람을 아주 절망적인 상황까지 끌고 가기에 충분할 것 같은데 엄마는 그러지 않았어요.

엄마, 엄마는 아스퍼거 증후군 전문가는 아닐지 모르지만 엄마의 아들, 저에 대한 전문가이고 제게 필요한 도움을 주기 위한 일이라면 어떤 것도 아까워하지 않았죠. 엄마는 알고 있었던 거예요. 적절한 도움만 있으면 나도 일반 사회에서 충분히 잘해낼 수 있다는 걸요. 그래서 엄마는 저를 특수학교에 보내라는 전문가들의 충고를 뒤로 하고, 다른 모든 사람이 아무렇지 않게 당연하게 사는 그 사회에 제가 아무 탈 없이 지낼 수 있게 하기 위한 투쟁을 한 거죠. 특수학교가 저에게 맞지 않다는 걸 알고 저를 위한 전쟁을 시작한 거죠. 웬만한 결심으로는 안 되는 일일 텐데 말이에요. "걘 아무것도 성취하지 못하고 결국엔 감옥에나 갈 텐데 그냥 특수학교에 보내세요." 라는 말을 수도 없이 들으면서도 엄마는 믿음을 잃지 않았어요. 영화 '캐리 온'에 대한 제 집착이 엉덩이 여기저기를 마구 꼬집는 행동으로 이어졌을 때도, 엄마만은 내게 '비정상적인 성적 행위' 라는 꼬리표를 붙이지 않았어요. 엄마는 제가 그저 텔레비전에서 본 것을 그대로 따라 해서 관심을 받으려 했다는 걸 알고 있었어요. 엄마의 태도는 늘 단호했고, 절 엄격하게 키우셨지만 한편으로는 제 행동을 이해하려고 노력하셨어요. 왜냐하면 행동장애를 치료하는 데 가장 좋은 방법은 원인을 찾아내는 것이니까요. 엄마는 이해하기 어려운 행동 이면에 있는 제 자아를 찾아내어 격려하고 힘을 불어넣어 주셨고 그 무엇보다... 저를 사랑해 주셨어요.

항상 엄마를 깊게 사랑해 왔지만요. 엄마를 사랑하는 만큼 그걸 잘 표현하지는 못했던 거 같네요. 어렸을 때 전 쉽게 난폭한 행동으로 반응했고, 엄마 얼굴을 두 번이나 때렸어요. 그걸 인정하는 일은 지금도 저를 부끄럽게 해요. 그 일은 두고두고 후회할 거예요. 그리고 그거 아세요? 엄마는 그 일에 대해 한 번도 언짢아하지 않았어요. 한 번도 그 일을 다시 꺼내지 않았죠. 종종 내가 감사할 줄도 모르고 비협조적이고 기분 나쁘게 한 순간에도 엄마는 포기하지 않았어요. 엄마, 이게 바로 엄마에게 배운 가장 큰 교훈이에요. 포기하지 말기. 목표를 바라보고 그걸 얻을 때까지 끝까지 가기.

다른 사람들에게 절 소개하는 것을 어려워하셨다는 거 알아요. 저의 아스퍼거 증후군에 대해 언제 어떻게 말해야 할지 잘 몰라 망설이고 힘들어하시던 것도 이해해요. 정말 이해해요. 남들과 다르게 인식되는 것을 제일 싫어하는 아이였던 저에게 장애가 있다는 것을 알리는 것은 세상이 무너질 일이라고 생각하셨죠. 다 지나서 하는 말인데요. 그냥 사실대로 말해 줬으면 더 좋았을 거 같아요. 하지만 엄마가 왜 그렇게 하지 않았는지 정말로 이해해요. 저에게 더 중요한 건 엄마가 한 번도 아스퍼거를 부정적으로 이야기하지 않았다는 거예요. 엄마는 저의 아스퍼거에 대해 항상 긍정적이었고 제가 절대로 아스퍼거를 나쁘게 생각하는 것을 허용하지 않았어요. 그건 대단한 거예요. 왜냐하면 제 미래에 대해서, 때때로는 엄마 자신에 대해서도, 마음이 가볍지만은 않았을 테니까요.

사춘기 때 있었던 여섯 번의 정학, 수차례의 전학과 소동들에도 불구하고 우리는 어떻게 해냈네요. 안 그래요? 중고등학교 때 만난 좋은 인연들의 도움과 판타스틱한 음악 치료사 선생님 덕분에 우리(엄마와 저 말이에요!)는 잘 해냈고, 결국 중학교 때는 10개 과목에서 A+에서 C까지 받아서 패스, 고등학교 때는 3개의 과목을 A에서 C까지 받아 패스했죠. 제가 '우리'라고 말한 거는요, 물론 교실에서 공부한 건 저였지만 그건 모두 다 엄마가 나를 위해서 내가 교실에 들어갈 수 있도록 해줬기 때문이니까요!

저는 이제 좋은 친구들도 있고 여자 친구도 있고 직업도 있어요. 강연가로 전국을 순회하였고 저널리스트로서 4개 국에서 책을 출판했어요. 스물두 살치고 나쁘지 않죠? 그렇 죠? 몬스터라고 불리던 어린아이치고 나쁘지 않아요. 그렇 죠? 지금의 제 모습이 더 뿌듯한 이유는 엄마의 사랑과 결 단이 아니었다면 제 삶이 매우 달랐을 거라는 게 마음속에 서부터 느껴지기 때문이에요.

저의 많은 강박들을 엄마는 내버려 뒀었죠. 분명 엄마에 게는 지루함이 땅끝까지 닿았을 게 분명한데요! 세상에 누 가 '이스트앤더스(영국 BBC 일일드라마―역주)'에 대해 열 두 달을 꼭 채워 가며 지겨워 죽겠을 지경까지 얘기하고 싶 겠어요? 엄마는 내 유머를 북돋워 주었고 무엇보다도 엄마 는 내가 할 수 없는 것이 아닌 내가 할 수 있는 것에 포커스 를 맞춘 유일한 몇 안 되는 사람이었어요. 제일 중요한 것 은 저에 대한 진단을 받고서도 엄마는 나를 이전과 전혀 다 르지 않게 대했다는 거예요. 왜냐하면 엄마는 나를 하나의 인격체, 당신의 아들 딘으로 봤으니까요.

친구들이 엄마와 나의 관계에 대해 곧잘 물어요. 개네들 은 내가 엄마에게 얼마나 솔직한지에 대해 놀라요. 하지만 저에게 그건 굉장히 큰 성과에요. 왜냐하면 우리의 모자 관 계는 제가 어른이 되면서부터 끈끈한 친구 관계로 무르익 었기 때문이니까요. 누가 이렇게 될 줄 알았겠어요!

그래서 엄마, "본인이 자랑스럽습니까?" 라는 질문을 강연회 때마다 받는데 전 항상 똑같이 대답해요. "엄마가 저를 자랑스러워했으면 좋겠습니다. 전 엄마가 완전 자랑스럽거든요." 사랑해요, 엄마.

딘

딘에 대하여

딘 비들은 영국에서 학회, 회의, 워크숍 강연, 동기부여 스피치, 만찬 후 연설 등으로 강연 투어를 다닙니다. 영국의 이곳저곳에서 강연을 하면서 그는 자신의 아스퍼거 증후군과 관련된 경험들을 이야기하고, 몬스터라고 불리던 아동이 어떻게 A를 받는 학생이 되었는지 나눕니다. 딘은 자신만의 독특한 유머와 가슴 찡한 일화들을 통해 청중들에게 각자가 처한 상황을 훨씬 더 긍정적으로 보라고 말합니다. 2011년 딘의 강연은 외국에도 소개되기 시작했고, 유튜브에 올라온 그의 강연 중 하나는 75개국에서 스트리밍되었습니다.

딘은 또한 경험이 풍부한 저널리스트이기도 합니다. 자폐에 대한 그의 기사는 대개 *Cerebra Bulletin*과 *NAS Communication Magazine*을 기반으로 하지만 18개월 동안 특수장애를 다루는 온라인 칼럼니스트(www.snapchildcare.co.uk)로 활약하기도 했습니다. 2008년과 2010년 사이에는 *Autism File*이라는 대중 잡지의 칼럼니스트 활동도 하였는데, 이 잡지는 영국, 호주, 두바이와 북미의 서점에서 판매되었습니다. 그는 또한 newsshopper.co.uk와 the *londonpaper*에 일반 뉴스 기사도 썼습니다. *Greenwich Time*신문에 2009년에는 'MR BUDG£T', 2010년에는 다이어트와 운동에 대한 칼럼인 'Lighten Up!'을 썼습니다. 뿐만 아니라 딘은 책 쓰기, 북 리뷰, 음악활동도 하고 있습니다. 가장 최근에는 TwoFour Media와 The Teaching Development Agency라는 2개의 온라인 리소스를 발표했습니다.

한나의 생각

부모가 얼마나 좋게 자폐에 대해 설명하느냐는 아이에게 중요하지 않아요. 어차피 제대로 못 받아들일 확률이 훨씬 더 크니까요. 자폐라는 개념 자체가 부정적인 것이기 때문에 아이에게 언제 말할지는 부모님에게 달려있지만, 아이가 잘 받아들이리라 기대하지 마세요. 부정적인 선입견이 금방 사라지더라도 평생 자폐를 안고 사는 사람으로서 삶의 큰 그림을 보기는 어려워요. "자폐를 안고 사는 건 어떤가요?"라는 질문을 받으면 저는 이렇게 대답해요. "자폐 없이 사는 건 어떤가요?"

자폐라는 이름표를 붙이는 것에 대해 말하자면 법적인

경우 이외에는 좋을 일이 별로 없어요. 예를 들면, 자폐라는 이름표 없이는 개별화된 프로그램의 지원을 받는 일이 불가능하죠. 그게 아니라면 저는 중립적 아니, 부정적이에요. 그 이름표에 대해서. 작가 지망생으로서 사람들이 제 작품에 대한 평가를 할 때 제 컨디션을 고려하는 것을 원치 않아요. "와, 이 작품 끝내줘요!" 라고 말하는 것과 "와! 10대 자폐아 작품치고 끝내주네!" 라고 말하는 것은 완전 다르거든요.

우리 가족이 정말 대단하다고 생각하는 이유 중 하나는, 제 관점에서 본다면, 자신의 자녀가 특수교육을 받을 거라 생각하면 부모는 억장이 무너질 것이라는 고정관념을 깼다는 거에요. 오히려 우리가족은 "어라, 뭔가 이상한데.... 뭐지?" 라는 식으로 제 진단을 겸허하게 받아들였죠.

제 진단에 대해 가족들이 오히려 더 쿨했어요. 할머니 친구분 중 한 분이 집에 들르셨던 날이에요. 제 반향언어(남의 말을 그대로 모방하는 말투 — 역주) 특유의 말투로 저는 평생 독립할 수 없을 거라고 말씀드렸죠. 그랬더니 할머니 친구분께서 질문을 하나 하셨는데 그게 제 평생의 생각을 바꾸는 계기가 되었어요. "너에게 독립이라는 게 뭔데?"

제가 평생 독립할 수 없다는 거, 틀린 말은 아니에요. 자폐 아동은 다른 아이들과 달리 평생 스스로 돌보지 못할 거라는 게 부모의 가장 큰 걱정 중 하나이니까요.

자폐의 대표적 특징 중 하나는 창의성 결여입니다. 이걸 제가 말하는 게 뭔가 부적절하다는 것은 압니다만, 문자 그 대로 받아들이지 마세요. 서번트(Savant)는 전 세계에 약 100명 정도 밖에 없는데, 그중 절반만이 자폐를 가지고 있 다는 점을 감안해 보면, 사실 기대 이상으로 많은 자폐아들 이 창의력을 요구하는 예술 분야에서 전문가로 활동하고 있고, 오히려 매우 극소수만이 (창의력과 거리가 멀어 보이 는) 과학기술 분야에 있죠. 물론 자폐를 가진 사람이 모두 다 창의적이라고 말하려는 건 아니에요. 그저 저희 중 대부 분이 창의적인 상상력이 있다는 뜻이에요. 음, 미리 말하자 면, 소위 창의성의 정의는 대개 사회적 관계에서의 상상력 에 국한되어 있는데, 예를 들자면 '레스토랑에서 햄버거 대 신에 피자를 시키면 무슨 일이 일어날까?' 와 같은 것이 죠. 그렇지만 자폐아는 남들이 상상할 만한 것을 꼭 상상하 지는 않죠.

제가 가진 기질 중 가장 뛰어난 것은 우선순위를 정하는 능력이에요. 지금의 저는 영화 시나리오 작가가 — 대표적 으로 창의적인 일이죠 — 되는 걸 원하고 있는데요. 제가 쓰고 자 하는 이야기들이 그게 소설이든 영화 대본이든 말 그대로 제 삶을 지배하고 있어요. 다른 작가들도 다 그럴 거라 믿어요. 하지 만 저의 자폐(능력)는 다른 것을 생각할 수도 없이 스토리를 짜 는 것에만 집중하게 만들어요. 예를 들면, 저는 사실 체스터 근처 호텔에서 지금 이걸 쓰고 있지만(제가 서리 지역 출신이거든요.) 내일은 수족관에서 상어들과 함께 물속을 헤매고 있을 텐데, 제

각본의 캐릭터 중 하나가 흑기흉상어이기 때문이죠.

한나에 대하여

한나는 1994년에 태어나 3년 뒤 전형적인 자폐로 진단받았습니다.
가벼운 학습장애 학생을 위한 학교에서 4년을 보낸 후, 다음 4년은
자폐아를 위한 특수학교에서, 열두 살부터는 학교에서의 어려움 때
문에 홈스쿨링을 하였습니다. 그녀의 주된 관심사는 동물, 특히 공
룡과 수중생물이고, 그녀가 말하는 삶의 목표는 작가 혹은 영화 시
나리오 작가가 되는 것입니다.

알렉스가 가족에게 보내는 편지
- -

가족들에게

기독교 가정에서 자라게 해주신 하나님께 감사드립니다.
하나님이 하신 일이 제일 많죠. 하나님은 우리 가족을 도우
셨고 제가 치료를 받을 수 있게 해주셨고, 교회 공동체에 속
하게 해주셨어요. 제가 사람들과 어울리는 데 교회가 도움
이 많이 되었는데, 교회분들은 어렸을 때부터 줄곧 저를 있
는 그대로 받아들여 주셨거든요.

아시다시피 어렸을 때 세상은 저에게 무서운 곳이었어요. 가게에 가는 아주 단순한 일조차 제게는 곤욕이었어요. 가게에 무서워할 만한 것이 없다는 것을 점점 깨닫게 해준 것이 우리 가족이었죠. 저를 가게로 데려가 세상은 그렇게 험난하지 않다고 가르쳐 주었어요. 세상에 천천히 발을 딛게 하면서 제게 있던 공포들을 조금씩 이겨 나가도록 도와주었어요. 저도 알아요. 일곱 살 이전의 저는 가게에 가는 게 너무 무서워서 차에서 내리려고도 하지 않았죠. 그런 저에게 엄마는 사진을 이용해서 오늘 하루 일어날 일들에 대한 일과표를 만들어 주셨죠.

저는 말을 참 못했었어요. 저만의 언어를 쓰면서 마치 다른 사람들과 이야기하는 걸로 착각했거든요. 왜 아무도 내 말을 못 알아듣느냐며, 한 번은 엄청나게 화를 냈었죠. 엄마, 단어와 신기한 것들로 가득했던 카드가 들어 있던 그 특별한 상자를 기억해요. 그걸로 엄마는 나와 말하기 연습을 해주셨어요. 그래도 저는 계속 말을 버벅거렸고 그래서 또 화를 냈었죠. 하지만 이것 또한 많이 나아졌어요. 치료 덕분이기도 하고, 엄마가 저에게 말하기 전에 생각하는 훈련을 해주신 덕분이기도 해요. "단어가 생각이 안 나요." 하고 말하는 것을 가르쳐 주신 것도 생각나요.

저는 손뼉을 치는 행동을 통제할 수가 없었죠. 그것은 지난번에 일어난 일을 생각해 보고 오늘 일어났던 일을 생각해 보는 저만의 방식이었어요. 흥분을 하거나 좋아하는 것을 생각할 때도 손뼉을 쳤죠. 손뼉치기는 항상 재미있었지만 지금은 실을 가지고 노는 것을 좋아하죠. 처음으로 저를 멈추게 한 사람은 장애학교의 선생님이었어요. 손을 가지런히 하라는 말은 정말 듣기 싫었어요. 집에서 ABA 테라피(행동치료방법 중 하나—역주)를 시작했을 때 이 시간 동안에는 손뼉을 치지 않도록 연습했어요. 그때는 싫었어요. 그렇지만 지금은 (손뼉 치는 것을 그칠 수 있어서) 좋아요. 손뼉 치는 행동 자체를 그만두게 하는 것에는 반대하지만 컨트롤할 수 있는 것이 정말 좋을 때가 있어요. 주변 사람들이 가르쳐 주려는 것들을 계속 배우는 일에 방해가 될 때가 있거든요. 이상하게 보이기도 하고 다른 사람들이 오해해서 왕따를 시킬 수도 있어요. 몇 년 전에(2009년 8월) 가족들과 카라반에 있었을 때요. 거기에는 상동행동(stim)을 할 혼자만의 공간이 없어서 차 뒤로 갔어요. 거기는 나만의 자유공간이었죠. 나는 옆에 있는 카라반 사람들이 날 볼 수 있다는 걸 몰랐어요. 한 아저씨가 내려서 나에게 괜찮으냐고 물어봤어요. 나는 괜찮다고 말했어요. 아저씨가 다시 한 번 물어봐서 저도 다시 한 번 괜찮다고 했어요. 그 아저씨는 엄마에게 가서 내 상동행동이 이상하다고 이야기했어요. 싫다고 했지만 엄마는 밖에서 컨트롤하는 방법을 가르쳐 주셨고, 그럴 때는 화장실에 가라고 가르쳐 주셨죠. 지금도 그렇게 하고 있어요. 언제든지 상동행동을 할 수 있게 해줘서 고마워요, 엄마.

우리집의 근원인 아빠, 엄마가 안으려 할 때는 거부하지 않았지만 아빠가 안으려 하면 싫어서 거부하곤 했었죠. 미안해요. 지금은 아무도 안지 않아요. 아빠는 역사와 카메라에 대해 가르쳐 줬어요. 아빠가 뇌졸중에 걸렸을 때 좋다고 말한 것 미안해요. 우리 집에 장애가 있어서 치료가 필요한 사람이 하나 더 생겼다는 게 좋았어요. 아빠가 나보다 더 빨리 나아지고 더 빨리 배우는 것을 지켜보는 게 쉽지 않았어요. 그렇지만 아빠가 완벽히 좋아지지 않았다는 것을 나는 알아요.

플린트에 있는 돌봄이 이모, 이모는 저에게 같이 있으면 언제나 좋은 사람이었어요. 우리 집에 일이 생겼을 때 이모와 함께 있게 해줘서 고마워요. 그 고요와 평온이 좋았어요. 언제든 나를 받아 줘서 고마워요. 할아버지도 이모와 똑같이 그랬어요. 이모와 이야기하는 것은 언제나 즐거웠고, 이모가 만들어 준 소시지와 베이컨 등의 음식도 그랬고, 이모는 더 먹을 거냐고 항상 물어봤죠. 이모는 내 자폐를 다 이해하지는 못했지만 여전히 나를 있는 그대로 받아 줬어요. 할아버지와 강아지 메그와 산책을 하는 것도 좋았고, 할아버지가 책을 읽어주는 것도 좋아했어요.

우리집을 완성한 엄마, 맛있는 저녁을 자주 해주셨죠. 정말 감사해요. 앞에서 말했지만 여러 부분에서 엄마가 많이 도와주셨죠. 엄마의 노력이 아니었다면 오늘의 저는 없었을 거예요. 지금까지도 제 강연을 도와주시고 이 편지 또한 그렇지요. 제가 더 나아지도록 하는 아이디어를 계속 주시지요. 엄마가 아이디어를 주시면 저는 여덟 살 때부터 함께한 도나 선생님과 그걸 실행했죠.

존, 나를 지켜 주는 형. 어렸을 때 형 없이는 잠을 자려고도 하지 않았지. 형한테 나는 힘든 존재였을 거 같아. 형을 힘들게 해서 미안해. 형이랑 제인이랑 같이 했던 것들, 쇼핑이랑 스쿠더라 부르던 악당 놀이도 다 생각나. 나에게 그런 즐거운 시간을 만들어 줘서 고마워. 형이 야단쳤던 것도 기억나. 형이니까 그런 거겠지만, 나는 형을 항상 따랐고 항상 형처럼 되고 싶었어. 그래도 야단맞는 건 싫었어. 형은 항상 나랑 축구도 같이 하자고 하고, 축구경기도 같이 보자고 했지. 이제는 내가 '보통' 동생이 아니라서 형도 힘들었을 거라는 걸 알아.

우리 큰누나 제인, 누나를 싫어했던 날들에 대해 다 미안해. 누나랑은 물 한 잔 함께하기 싫어했지. 나도 내가 왜 그랬는지 이해할 수 없어. 아빠한테도 나는 그렇게 대했었지. 그렇지만 누나와 아빠와 함께 스쿠더 같은 게임을 하는 건 나 진짜 좋아했었어. 난 그 게임들이 진짜 좋았거든. 내 사진 수업을 누나가 도와줬을 때도 좋아서. 누나가 비치미션(Beach Mission)에서 돌아오면서 가져온 마피아나 사이콜로지스트 같은 게임들도 같이 하는 게 좋았었어.

내 두 동생 루스와 레베카, 우리 가족 중 내가 신생아 모습부터 본 유일한 두 사람. 너희가 신생아였을 때 정말 좋았어. 너희는 정말 귀여웠거든. 항상 나보고 같이 게임을 해 달라고 그랬지. 두 살도 안 된 너희들이 내 치료시간을 함께해 줘서 좋았어. 나는 못하는데 너희가 해내는 일이 생기면 나는 괴로워했었지. 나는 항상 나이가 조금만 더 많으면 너희보다 더 잘할 수 있을 거 같았어. 내가 종종 너희들을 화나게 했던 거 알아. 그렇지만 너희가 왜 화났는지 내가 뭘 잘못했는지를 몰랐었어. 설명을 하려고 하는데 못하게 할 때는 정말 싫었어. 너희 덕분에 내가 배운 게 정말 많아. 하나님이 내게 두 사람의 여동생을 주셔서 나는 정말 감사해. 고마운 게 몇 개인지 셀 수 없을 만큼 너희가 날 많이 도와줬거든.

우리 강아지 수티야, 난 니가 귀여워서 좋지만 너는 성가시기도 했어. 너를 산책시키는 게 귀찮을 때도 있었고 컴퓨터를 하고 있으면 와서 짖기도 했지만 나는 너를 토닥토닥 만져 주고 같이 놀아 줬지. 너는 날 있는 그대로 받아들였어. 나는 종종 다른 사람들을 짜증 나게 하기도 했는데 너는 나 때문에 짜증을 내거나 그러지는 않았지. 화를 내면 나에게 짖긴 했지만. 하지만 그건 네가 무서워서 그랬던 거라고 생각해. 너를 산책시키는 건 나에게 어떤 독립심 내지는 책임감을 길러 준 거 같아. 가끔씩은 네가 무엇을 표현하려는 건지 모르겠지만 나는 배워 가고 있어.

나를 위해 그 자리에 있어 줘서 고마워요. 절대 쉬운 일이 아니었을 거라는 거 알아요. 당신들이 없었다면 지금의 내가 어디에 있을지는 알 수 없어요. 이 과정들이 없었다면 지금처럼 행복하지 못했을 거예요.

알렉스 로우리

알렉스에 대하여

알렉스가 이 편지를 쓴 것은 열여덟 살 때입니다. 알렉스는 여러 기관에서 자폐에 대한 강연을 합니다. 알렉스는 사진학에 관심이 많아서 분야를 막론하고 사진을 찍는데, 주로 풍경 사진으로 바다와 자연을 찍습니다. 최근에 작품활동을 하지 않았지만 영화 만드는 것에도 꽤 관심이 있습니다. 알렉스는 살면서 가장 소중한 순간을 꼽는 게 어렵다고 합니다. 처음으로 말을 한 순간도, 치료 덕에 행동이 나아지기 시작한 날도, 처음으로 강연을 부탁받은 날도 소중하기 때문입니다. 앞으로도 알렉스는 계속 사진에 전념하면서 직업으로는 대중 강연을 계속하기를 원합니다. 가장 큰 두 가지 소망은 아주 간단한데, 일을 하는 것과 독립하는 것입니다. 어른이라면 대부분 당연하게 여기는 것입니다. 할 수 있을 거라고 절실하게 믿고 싶어 합니다. 인생의 스승을 옆에 두고 계속 발전해 나갈 것이기 때문에 알렉스는 오늘도 소망합니다. "난 앞으로 많이 이룰 거야."

이 장을 마치며

이 편지들과 생각들은 철자교정과 레이아웃 같은 최소한의 편집과 정만을 거쳤고 쓰인 단어들도 원문 그대로 입니다. 사실 딘, 한나, 알렉스에게 편지를 부탁할 때는 무엇을 기대해야 할지 몰랐습니다. 하지만 이들이 준 것은 마음의 움직임이었습니다. 감동, 희망, 안타까움, 통찰력, 명석함…. 확실한 것은 이들이 만들어낸 성취와 행복 그리고 미래에는 가족이 함께했다는 것입니다. 이들에게나 이들의 부모님에게나 이 사실은 항상 서로 느끼는 그러한 것은 아니었을 것입니다. 이 세 가족은 특히 힘든 시간을 겪어야 했습니다. 하지만 결국 부모의 역할이 얼마나 중요한지 그리고 부모가 아이에게 여러 가지 다른 차원에서 얼마나 큰 존재인지를 깨닫게 해준다는 점은 틀림없습니다. 이 책을 읽는 부모님께서는 이 메시지를 꼭 마음에 담아 가시길 바랍니다.

Section 2

모두에게
보내는
편지

Section 2

모두에게 보내는 편지

자녀교육 시 주로 경험하는 내용과
결정사항에 대하여

이번에는 모든 가족에게 제가 드리는 편지입니다. 제가 가족 상담을 하면서 자주 언급하는 전반적인 것들로, 어떤 특수한 가정에만 해당된다기보다 가족이라면 한 번쯤 고려해 볼 필요가 있는 사항들입니다.

1. 앞으로 일어날 일

양육계획은 아이가 크면서 달라집니다

무엇을 어떻게 해야 할지 아직 잘 모르는 초보 부모님께 드리는 권고사항입니다. 아이들마다 능력이 다르고, 양육은 장기 프로젝트입니다. 문제행동의 본질과 어려움의 정도 혹은 진단 가능성 여부에 따라 이 프로젝트는 당신의 아이가 신생아일 때 시작될 수도 있고 혹은 예닐곱 살에 시작될 수도 있습니다.

부모님께

전문가들은 발달장애아를 둔 부모에 대해 여러 가지 다른 시각에서 입장을 표명해 왔습니다. 과거에는 장애의 원인 제공자로 부모를 비난하기도 했는데, 이러한 비난이 오늘날에도 완전히 사라진 것은 아닙니다. 장애아를 둔 부모는 심적으로 지쳐 있고 비합리적인 요구를 하는 것으로 비치기도 합니다. 근 몇십 년 동안 이런 식의 시선은 부모의 양육경험과 부모의 역할에 대해 어느 정도 획일적인 접근이라고 할 수 있는데 이는 사별을 맞이하는 단계이론의 감정 변화 양상과 비슷한 패턴을 보일 것이라고 보기 때문입니다. 당신의 부모로서의 성향과 가치관, 삶의 여건과 아동의 선천적 문제들을 무시한 채, 모든 부모는 부인, 화, 거부, 죄책감, 포기의 단계를 거쳐 내 아이의 장애를 '장애' 라는 단어를 직접적으로 사용해서 인정하는 단계에 이른다는 것인데요. 이런 접근의 맹점은 '장애' 라는 단어를 받아들이는 단계에 도달하지 못한 부모는 이성적 판단이 어렵고 감정적인 반응을 주로 보인다고 여긴다는 점입니다. 이런 관점은 부모의 의견과 요구를 심리적 괴로움에 대한 징후로 가볍게 여겨서 그 중요성을 간과하게 만듭니다. 심지어 부모가 스스로 '장애'라는 단어를 사용하기 이전 시기에 실질적인 도움을 제공하는 것은 오히려 기대와 반대되는 효과를 낳는다고 주장하기까지 하는데요. 이런 주장에는 부모의 의견을 존중하지 않거나 부모의 생각을 별로 중요하지 않게 여기기 쉬운 허점이 있습니다.

장시간 씨름해야 하는 장애를 가진 아이의 부모 역할이 얼마나 감당하기 힘든 일인지를 알리는 데는 공헌했다고 할 수 있을지 모르지만, 실제로 부모들이 겪는 문제와 그에 대한 도움의 손길의 중요성은 경시되었다고 할 수 있습니다. 또한 부모 역할과 관련된 많은 요소들과 각 아동과 부모가 가지고 있는 특징들에 대해서 간과해 왔다고도 할 수 있습니다. 부모의 반응을 결정짓는 요소는 한두 가지가 아닌데, 그들 개개인이 어떤 사람인지, 자녀와의 관계는 어떠한지, 아동이 가진 선천적인 장애가 무엇이고 현재 몇 살인지, 다른 가족 구성원의 유무와 그들이 받을 수 있는 지원 서비스의 질은 어떠한지 등 모두 나열할 수가 없습니다. 현실은 모든 부모가 '장애를 인정'하는 단계까지 똑같은 과정을 겪는다기보다 앞으로의 길고 힘든 여정이 많은 고난과 역경을 거쳐서, 어떤 때는 제자리걸음을 하기도 하고 같은 곳을 맴돌기도 하며 명확한 골인점이 없는 여정이 시작된다는 점입니다. 경험할 수 있는 모든 감정을 겪게 될 것입니다. 중요한 나침반은 그 누구보다 부모님이 자녀를 가장 잘 알고 있으며 자녀에게 필요한 것에 대한 중요한 정보를 쥐고 있다는 것입니다. 따라서 부모님의 의견은 치료과정의 중요한 핵심이지 심적 고갈상태에 대한 사인이 아닙니다. 요즘은 많은 전문가들이 이와 같은 입장에 동의하거나 적어도 인정한다고 말합니다.

최근 몇 년간 큰 변화가 있었습니다. 부모에 대한 보다 긍정적인 입장과 더불어 가족 구성원의 필요와 요구에 대한 이해가 늘었습니다. 장애아를 둔 부모에 대한 획일적인 이해를 지양함과 더불어 각 가정이 경험하는 다양한 문제와 상황에도 불구하고 공통적으로 부딪히는 문제에 대한 논의 또한 필요할 것입니다.

내가 대체 뭘 하고 있는 거야?

진단을 받은 처음 몇 년 동안은 특히 당신의 자녀가 생후 몇 년밖에 되지 않았다면 아동의 발달에 도움이 된다는 프로그램들을 이것저것 다 해보느라 정신이 없을 것입니다. 그러면서 당신 자신만의 노하우와 견해를 가지게 될 것이며, 당신의 자녀에게 가장 적합한 프로그램을 찾는 것에 더 집중하게 될 것입니다. 여러 가지를 시도해 보는 부모님도 계시고 한 가지에 집중하는 분들도 계시는데 후자의 경우, 응용행동분석(ABA), 자폐를 전문적으로 다루는 기간인 옵션스(Options), 아동중심치료법인 플로어타임(Floor Time), 미취학아동을 위한 전문기관인 포티지(Portage), 유도교육 (Conductive Education) 등 나열하자면 끝이 없을 것 같습니다. 기관의 도움으로 적합한 프로그램을 찾기도 하고 부모님이 직접 찾기도 합니다.

아동이 자라서 학령기가 되면 부모에게 제공되는 프로그램을 점검하는 시기를 맞게 됩니다. 새로운 프로그램을 찾기도 하고 자녀의 입장을 대신하여 요구나 항변을 하기도 하며 전문 기관의 도움을 받아 당신의 자녀에게 필요한데 정작 받지 못하는 서비스들을 보장받기 위해 함께 싸우기도 합니다. 당신에게 우호적인 전문가들을 만나 함께 싸우기도 합니다. 또한 원하는 것을 얻기 위해 의사, 교사, 사회복지사, 관료기관의 사람들과 맞서야 하기도 합니다. 포기하지 않는 만큼 당신은 배우고 또 성취할 것입니다. ('4. 시스템 관리하기'가 도움이 되실 겁니다.) 어쩌면 당신 대신 아동에게 필요한 것을 유료로 진단해 주고 가장 적합한 프로그램을 찾아 주거나 제공해 줄 뿐만 아니라 진행 상태를 점검해 주는 전문가 어딘가에 있을 것 같다는 생각을 하게 될 수도 있습니다. 당신은 자녀에게 매일매일 해줄 수 있는 것은 사실상 다 해봤음을 느끼게 될 수도 있습니다. 이런 생각은 헛된 것만은 아닙니다. 하지만 현실은 각 아동은 하나도 같지 않은, 모두 개별화된 하나의 존재이며 당신 자녀에 대해서 만큼은 이 세상 누구도 당신보다 더 잘 알지 못한다는 것을 알고 있습니다. 그런 당신이 강하게 항의하지 않는다면 현 제도와 체제는 변하지 않을 것입니다. 현재의 제도와 체제에는 관련자들에 대한 교육 부족, 갑작스러운 관련자의 전면적 교체, 개인적인 의욕의 문제, 제한된 자원, 기관들 혹은 기관 내의 소통문제 등 왼손이 하는 일을 오른손은 전혀 모르는 방식으로 진행되는 문제들이 비일비재합니다. 도움이 필요한 사람이 아동이든, 청소년이든, 어른이든, 그들에게 지지가 되고 응원이 되는 지혜와 경험담, 일관성 있는 지원이 무엇인지 알려 주는 것은 바로 그들의 가족입니다. 바로 당신이 일어나서 소리칠 때 다른 사람들이 안 될 거라고 하던 것들을 실현해 가는 것을 경험하게 될 것입니다. 물론 항상은 아니지만 이게 바로 부모님 파워인 것이죠!

당신의 자녀가 성인기에 들어서면 당신의 관심은 점점 더 미래를 준비하는 방향으로 향하게 됩니다. 당신이 함께 하지 못할 그 시간을 포함해서요.

내가 대체 무슨 생각으로!

하루하루를 지내는 것부터 필요한 지원 프로그램을 찾는 것과 같이 오늘 당장, 혹은 지금 당장의 문제에 당신은 몰두할 것입니다. 초기 단계에는 더욱 그렇습니다. 당신의 관심이 어느 한 사람의 '특별한' 자녀에게만 향하지 않도록 조심하세요. 당신의 '특별한' 자녀는 다른 자녀들보다 더 많이 당신을 필요로 할 것입니다. 모든 자녀에게 똑같은 시간을 할애하려고 하지 마시고 각각의 자녀에게 맞추어 양질의 시간을 함께하려고 노력하세요. ('3. 형제자매'가 도움이 될 것입니다.)

아이들이 자랄수록 특히 당신은 더 멀리 바라보고 준비해야 될 것입니다. 내 아이가 어른이 되면 무엇을 하고 살까? 그때가 되면 누가 이 아이를 돌보지? 내가 더 이상 돌봐줄 수 없거나 함께할 수 없으면 그때는 어떡하지? 온갖 공포감이 몰려오고 어떻게 해야 할지 모르게 되지요. 평생 장애를 안고 살면서 어른으로서 맞이하게 될 세상의 잔인함, 무관심과 불공평함에 대해 소위 말하는 온갖 나쁜 이야기들을 다 듣게 되지요. 미래는 공포가 되고 많은 부모들은 차라리 내 아이가 먼저 세상을 떠나는 게 낫겠다는 생각도 하게 됩니다. 마음이 점점 더 무거워지면서 죄책감과 절망감이 밀려오기도 합니다. 보통의 부모라면 쉽게 드는 생각은 아니지요.

먼 미래에 대한 생각은 집어치우고 다시 현재에 집중하는 방법을 당신은 어느 순간 배우게 됩니다. 일상에 집중하는 것 또한 쉽지 않지만 그래도 그것은 당신이 통제할 수 있는 범위에 있습니다. 아무리 그렇지 않으려고 노력해도 먼 미래에 대한 어두운 생각이 종종 당신을 찾아올 것이기에, 이 책은 그런 생각이 들 때 어떻게 하면 도움이 될지에 대한 몇 가지를 팁을 드릴 것입니다.

불확실한 미래와 씨름하기란

40년 전 정신적으로 장애가 있는 환자를 다루는 요양병원에서 근무하는 것으로 전문가로서의 제 삶이 시작되었습니다. 그곳에서는 모든 발달문제를 볼 수 있는데요, 어린아이부터 어른까지 그 범위도 다양합니다. 이곳에서의 삶은 무미건조했습니다. 아무런 자극이 없죠. 제대로 된 낮 시간의 활동도 없이 아이들에게 학교를 갈 수 있게 해주는 것이 전부였습니다. '환자'들에게 자신의 옷이라는 것은 존재하지 않았고, 모두 똑같은 옷을 입고 있었죠. 병원 식당에서 나오는 밥을 먹고 70명까지 수용 가능한 기숙사 같은 시설에서의 삶에 사생활이란 없었습니다. 악몽 그 자체였던 그곳은 우리들의 의식변화, 서비스의 개선과 더불어 부모님들이 자녀를 집에서 키우면서 이곳을 방문하게 됨으로써 변화를 맞이하게 되었습니다. 제가 보기엔, 제 생각일 뿐이지만, 이와 같은 서비스를 제공하는 곳의 체제변화에는 보이지 않는 사회적 합의가 있는 것 같습니다. 즉 부모가 자녀를 돌본다면 그 가정을 지지해 줄 서비스가 필요하고, 그 서비스는 요양 기관 같은 곳에서 제공하는 서비스와는 질적으로 다르다고 보장할 수 있습니다. 부모님들께 솔직하게 다음과 같이 고백할 날을 기다렸습니다. "저희는 믿으셔도 돼요. 당신이 더 이상 자녀를 돌볼 수 없거나 함께할 수 없는 때가 와도 당신의 자녀가 인간다운 대우를 받으며 만족스런 삶을 지향하면서 정성을 담은 치료를 이곳에서 받을 것을 제가 보장해 드리지요." 하지만 그런 날은 오지 않았습니다.

당신이 곁에 있지 못할 때도 신뢰할 수 있는 그런 양질의 서비스를 찾지 못한다는 사실이 결코 미래가 절망적이라는 이야기는 아닙니다. 정반대입니다. 위험을 감수해야 합니다. 따라서 '어떻게 위험을 감수해 나가야 할까?'에 대해서 생각해 보아야 합니다. 불확실성이 함께하지만 사실상 삶 자체가 그렇기도 합니다. 100% 확신을 가지고 하는 일은 거의 없고 사는 것 자체가 어떻게 이 불확실성을 감당해 나가느냐에 가깝다고 할 수 있습니다. 그러니 미래에 대한 불확실성 때문에 눈앞이 캄캄해지기 시작하실 때 새드엔딩으로 생각을 끝내지 마시고 좀 더 건설적으로 생각하시는 데 도움이 될 만한 몇 가지를 적어 보도록 하겠습니다.

• 지난 40년 동안 제공한 프로그램은 양적으로나 질적으로 혹은 다양성의 관점에서도 지속적인 개선이 있었습니다. 이러한 경향은 계속될 것입니다. 부족한 점도 있

고 질적인 문제 또한 여전히 남아 있지만 점차 줄어들 것입니다.

- 특히 중요한 것은 이 변화가 인간중심치료를 지향한다는 것인데요, 사람을 기관에 맞추기보다 각 개개인의 삶에 어떤 것이 더 적합한가를 찾으려는 데 중점을 두어, 개인의 삶의 질을 높이는 서비스와 지지기반을 만들려고 노력하고 있습니다. 이러한 맞춤치료의 트렌드는 당신 자녀의 고유성에 더 부합한 희망을 가능하게 할 것입니다.

- 이러한 트렌드가 서비스를 제공하는 각 분야 전문가의 집단성보다 환자 개개인에 맞추는 것으로 많이 바뀌었지만, 전문가들의 집단성을 바탕으로 하는 서비스도 여전히 있습니다. 어떤 가족은 공동체적 접근을 더 선호하는데, 지역 기반 서비스가 그 예라고 할 수 있습니다. 따라서 서비스의 다양성은 계속될 것입니다. 이러한 트렌드, 관점의 변화와 곧 가능해질 서비스를 통해서 우리 자녀들이 스스로 슈퍼마켓에서 장도 보면서 남들처럼 독립적인 삶을 살게 될 것이라는 의미는 아닙니다. 하지만 미래에는 좀 더 다양한 서비스가 제공될 것이라는 사실을 잊지 마세요.

- 남겨진 과제 중 하나는 믿을 만한 서비스를 제공하는 것입니다. 수준 이하의 서비스는 누군가가 허점을 발설하

지 않으면 묻혀집니다. TV나 기자도 그 역할을 톡톡히 하고 있습니다. 이와 같은 폭로가 서비스의 개선을 알리는 경종이 되기도 합니다. 그런 일은 모든 부모를 경악하게 하고 저희에게는 같은 직종의 전문기관으로서 수치이기도 하니까요. 좋은 소식은 어떻게 하면 좀 더 신뢰할 만한 서비스를 제공하는가, 어떻게 서비스의 질을 점검하고 위와 같은 경악스런 실패를 거듭하지 않을 수 있는가에 기관들이 관심을 가지기 시작했다는 것입니다. 전문가들은 서비스의 질을 개선하고 높은 수준을 유지하기 위해서 여러 시스템을 동원하고 있고 서비스의 질을 지속적으로 점검하는 시스템도 여러 방식으로 도입하고 있습니다. 완벽하지는 않습니다. 그럴 수도 없고요. 하지만 이전보다 크게 개선된 것은 확실하고, 앞으로는 더 개선될 것입니다.

미래에 대해 걱정하지 않을 수는 없습니다. 하지만 미리 두려워하지 마시고, 최악의 상황을 상상하는 데 생각을 뺏기지 마십시오. 학대와 무관심에 대해 들리는 이야기에 비해 놀랄 만큼 긍정적인 이야기가 10배는 더 자주 있습니다. 삶은 긍정적이고 건설적인 방향을 향하게 되어 있습니다. 중요한 것은 어떻게 위험성을 잘 감수하는가입니다.

- 일찍 시작하세요. 자녀가 사춘기를 막 맞이할 즈음부터 자신의 자녀에게 맞는 미래에 대해 설계해 보세요. 사춘기의 징후를 보이는 시기(대개 만 14~16세)를 기다리지 마세요. 부모님이 생각하시기에 적당한 때가 있다면 바로 그때가 적기입니다.

- 큰 그림을 그리세요. 당신의 자녀가 구체적으로 어른으로서 어떤 삶을 살지 상상해 보세요. "우리 아이는 대학을 보내야 해요." 또는 "우리 아이의 직업을 찾아 주고 싶어요."라고 뭉뚱그리지 말고, '환자 중심으로 계획하기'를 좀 더 적극적으로 알아 가는 게 당신의 자녀에게 최대한으로 적합한 계획을 구체적으로 구상하는 것이 도움이 됩니다. 그러고 나면 '어떤 기관에 우리 아이를 맡겨야 할까?'와 같은 '기관' 중심의 생각에 대한 답을 내리는 데 수월해질 것입니다. 당신의 자녀에게 필요한 것은 기관이 아니라 삶이니까요. 당신의 요구가 구체적인 그림으로 나타날 때 그런 요구가 무엇을 위한 것인지도 좀 더 명확해지며, 당신이 원하는 것을 성취할 가능성이 높아지고, 서비스 연계 업체가 음식점 메뉴판 보여주듯 서비스 종류를 보여주면 그중 하나를 고르는 방식의 선택을 지양할 수 있습니다.

- 당신이 자녀를 더 이상 돌볼 수 없거나 함께하지 못할 때를 적극적으로 대비할 수 있는 방법도 생각해 보세요.

당신의 자녀에게 앞으로 닥칠 일을 관리해 주고 문제가 생기면 대신 나서 줄 사람이 필요할 것입니다. 이런 일을 할 사람은 형제자매, 친척 등 가족관계에 있는 사람일 확률이 높지만, 점점 독립적인 대변인을 고용하는 서비스를 사용하는 추세가 늘고 있고 어떤 가족들은 좀 더 전문성을 기반으로 한 사람을 고용하기를 원하기도 합니다. 이런 종류의 대비 방식이 어느 한 사람에 의존하지 않도록 하는 것을 권고해 드리는데요. 물론 각 가정이 처한 상황에 현실적으로 가장 적합한 방법을 찾는 것이 가장 먼저 생각되어야 할 요소입니다.

불확실성을 피할 수는 없지만 불확실한 정도를 줄이고 큰 위험을 더는 것은 가능합니다. 피하려고 하기보다 앞으로 일어날 문제들을 직면하고 부닥쳐 나갈 때 가능합니다. 회피는 당신을 연약하게 만들어 미래에 대해 수동적으로 대비하게 만들 뿐만 아니라 예상치 못한 매우 불행한 일에 직면했을 때 특히 당신을 힘들게 할 것입니다. 당신의 자녀가 미래에 필요로 할 보금자리에 대한 큰 그림이 없다면 위기의 순간이 다가왔을 때 당신 자녀의 개인성이나 적합성이 아닌, 상황의 편의성에 의해 결정을 내리셔야 할 것입니다.

스스로를 위해 쉬어 가기

당신의 삶은 특별한 그 아이를 중심으로 꾸려져 있습니다. 그 아이를 양육한다는 것은 물리적으로도 심적으로도 매우 힘드시죠? 한 개인으로서 당신은 존재하지 않고 부부로서의 삶도 예전 같지 않다는 생각이 들진 않으신가요? 가장 좋은 대처 방법은 당신 자신을 위한 시간, 당신에게 소중한 사람들과 함께하는 시간을 마련하는 겁니다. 매일 저녁 모임을 나가고 매일 아침 운동을 하라는 것이 아니라, 당신의 삶을 돌보고 당신 자신만의 시간이나 부부만의 시간을 가지는 것을 당부드립니다. 자주는 아니더라도 날짜를 정하지는 못할지라도 그런 휴식의 공간은 절대적으로 필요합니다. 장애를 가진 한 아이를 포함해 세 자녀를 키우는 한 부부를 상담한 적이 있는데요. 여느 가정과 마찬가지로 어머니는 그 특별한 아이를 돌보고 아버지는 나머지 두 아이를 맡는 그런 가정이었습니다. 그분들이 저에게 했던 말이 생각나요. "저희 부부에게 걱정이 하나 있어요. 계속 이렇게 한 십 년을 살다 보면 우리 부부는 더 이상 서로에 대해서 아는 것이 하나도 없어질 거 같아요." 당신에게 이런 일이 생기게 놔두지 마세요!

2. 당신은 누구입니까

능력에 있어서 개인차나 진단에 있어서 상이점이 있는 우리 아이의 현실 마주하기

이 부분은 능력에 있어서 다양한 개인차를 기반으로 한 실제 사례들을 모아 봤습니다.

부모님께

'특별한' 아이들에게는 의학적 진단 명칭이 꼬리표처럼 따라다닙니다. 자폐 증후군, 아스퍼거 증후군, 결절성 뇌경화증, 다운 증후군, 취약X 증후군, 주의력결핍장애, 윌리엄스 증후군 등이 그 예이지요. 여러 가지 꼬리표를 함께 붙여 주기도 하는데, 더러는 아이가 배 속에 있을 때부터 시작되기도 하고 태어나자마자, 생애 초기 혹은 그 후 등 꼬리표가 붙는 시기는 정해져 있지 않습니다. 이런 의학적 진단 명칭은 뒤죽박죽 엉킨 축복이라고도 볼 수 있는데 부정적인 것들을 다루기 전에 긍정적으로 작용하는 중요한 역할들을 먼저 다루겠습니다.

　현재 사용하고 있는 의학적 진단 명칭은 대개 지난 50년 동안 생긴 것으로, 겉으로 당장 드러나지 않는 기저에 있는 공통적인 문제들을 짚어내기도 합니다. 수년 동안 이런 의학적 진단 명칭을 기반으로 더 활발한 이해가 이루어졌고, 각 아동이 받은 진단에 맞춘 도움과 치료를 발전시킬 수 있었습니다. 다운 증후군의 경우에는 동작기술훈련에, 자폐증의 경우에는 의사소통능력에 초점을 두는 것이 그 예이지요. 이런 발전에는 활발한 연구가 기여한 바가 큰데, '지적 장애', '정신병'과 같이 제대로 세분화되지 않는 진단에 대한 연구보다 위에 언급한 것과 같이 특정한 진단에 맞춰 전문화된 연구가 어떤 치료에 적합한지를 찾아내는 데 훨씬 유용했기 때문입니다. 따라서 위와 같은 '꼬리표'에 의한 분류는 연구를 가능하게 하였고, 더욱 정교화된 치료로 이어졌습니다. 세부화된 진단은 부모들이 아동을 이해하는 것을 돕고 자신의 자녀에게 어떤 정보가 더 필요한지 방향을 제시해 줍니다. 비슷한 상황에 있는 다른 부모와의 연결점이 되기도 하고, 따라서 각 가정이 고립되는 것을 줄여 줍니다. 당신만이 그러한 어려움에 처한 것이 아니고, 그런 어려움을 이해하는 누군가가 있다는 것을 알게 됩니다. 이는 부모들에게 실상 매우 중요한 사회적 지지를 형성해 주는데요. 진단명에 따라 국내외로 부모가 주가 되는 기관들이 활발하게 형성되기도 합니다. 오늘날 제공되는 원조, 지원, 현실적 도움은 다 진단명을 기반으로 형성된 긍정적인 작용이라고 할 수 있습니다.

요즘 들어서는 연구와 지원이 효과적으로 진행됩니다. 많은 부모 단체들이 웹사이트, 강좌, 출판업, 학회 등을 주관하며 어떤 때는 매우 전문화된 협력업체를 동반하기도 하며 가족들에게 최신 정보를 업데이트해 주고 있습니다. 이는 실제적인 이로움뿐만 아니라 부모들이 자기 자녀들을 위한 노력과 그들에게 제공해 주고자 하는 서비스를 위한 싸움에 힘을 북돋워 주기도 합니다. 이런 기관들은 후원 행사를 통해 가족들에게 밀접한 영향을 주는 연구를 가능하게 하면서 연구방향을 주도하기도 합니다. 이와 같은 후원 시스템은 학문적 필요와 영향력 있는 연구를 가능하게 할 뿐만 아니라 후원 단체와 지지기반을 바탕으로 한 연구도 가능하게 하기 때문에 가족들의 관심사와 필요 이상의 것을 연구할 수 있게 하기도 합니다.

세분화된 진단은 점점 더 중요해져 가는데 이는 관련된 서비스와 지원을 받을 수 있게 하는 '분류표'와 같은 역할을 하기 때문입니다. 서비스는 점점 더 세분화된 진단을 중심으로 형성되어 진단 없이는 서비스를 받을 수가 없습니다. 이와 같은 서비스가 과연 이로운가 그렇지 않은가를 여기서 논하기보다, 많은 부모님들이 이러한 현실을 이해하고 진단의 중요성을 아시는 데 도움이 되길 바랍니다.

우리가 현재 사용하는 범주화된 진단 방식에는 많은 장점들이 있습니다. 한 가지 알아 두셔야 할 점은 진단과 진단에 대한 세부항목들은 정기적으로 업데이트되며 그 분야의 최고 대가들의 동의하에 이루어집니다. 하지만 단점들도 있으므로 다음과 같은 문제들을 미리 아셔서 순조롭게 대응하실 수 있기를 바랍니다.

- **낙인효과**—의학적 진단 명칭은 매우 막강해서 어떤 한 사람을 송두리째 규정시켜 버립니다. 한 어린이를 '다운 증후군 애', '그 자폐 아이'로 낙인찍어서 새로운 사람을 만날 때 뚜렷한 첫인상으로 자리 잡는 일이 비일비재합니다. 누구도 저를 '아토피가 있는 왼손잡이'로 인식하지 않고 자기소개서나 이력서에도 저의 이런 면모들이 언급되지 않는 것과는 참으로 다른 양상이라고 할 수 있습니다.

- **부정적 편견 양성**—의학적 진단 명칭은 이 사람에게 어떤 능력이 결핍되었는가 혹은 어떤 것이 불가능한가에 이목을 집중시킵니다. 소위 '비정상적인' 것을 강조하지요. 다운 증후군을 가진 연설가인 안네 포티스 씨는 줄곧 다운 증후군을 업(up) 증후군이라고 불러야 한다고 하였는데요, 왜냐하면 그게 사실상 자기가 다운 증후군에 대해 드는 생각이기도 하며 다른 사람들도 다운 증후군을 그렇게 보길 바라는 바람이 있기 때문이라고 하였습니다. 그렇게 되면 자기가 연설대에 오를 때 사람들은

자신의 삶에 별로 중요하지도 않는 자기가 못하는 어떤 것들에 집중하기보다 자신이 특히 잘하는 면에 집중할 거라고 합니다. 따라서 개개인의 관점에서 볼 때 의학적 진단 명칭은 한 사람에게 불가능과 능력결핍에 직결되는 매우 강력한 꼬리표를 붙여 주는 셈입니다. 이러한 꼬리표 때문에 수모를 겪는 사람이 적지 않습니다. 이는 세상이 돌아가는 이치와 부합하지 않습니다. 저나 여러분이 왼손잡이라는 수식어 때문에 오른손잡이가 할 수 있는 일을 못한다는 편견이나 따가운 시선 속에 살고 싶지 않은 것이 당연한 것과 크게 다르지 않습니다.

• **특정 부분을 확대 해석하기**-낙인효과 과정의 하나로 한 사람의 인격체를 어떤 한 측면에서만 보는 것을 뜻합니다. 하나의 통합된 인격체로 간주하기보다 몇 개의 부정적인 면에만 집중해서 사람을 보려는 것이라고 할 수 있습니다. 따라서 이러한 측면 외의 이 사람의 삶은 간과되고 관심을 받는 부정적 면들을 어떻게 싸워 나가는지에만 집중하게 됩니다. 교육이라는 말 대신 특수교육이라는 말을 쓰는 것과 일맥상통하다고 할 수 있습니다. 서비스가 형성되는 방식이나 많은 숫자의 전문가가 협조하는 양태, 어떻게 어느 특정 부정적인 면이 부각되는지와 연관이 많은데 공통점으로 전체적 시각의 부재를 들 수 있습니다. 이러한 점들이 한 사람을 있는 그대로

파악하고 그 사람의 삶을 총체적, 통합적으로 살피는 데
방해합니다.

이런 문제들은 그저 철학적이거나 이론적인 것이 아니라
여러 가지 양상으로 삶의 실질적인 모습으로 나타납니다.
항상 말씀드리듯이, 어떤 두드러진 문제를 가진 사람을 바
라볼 때 그 문제를 한 통합된 인격체의 한 부분으로 보고,
그 사람의 전체적인 삶의 모습을 고려하는 것은 쉽지 않습
니다. 다른 사람들과 다른 점이나 결핍된 면을 부각시켜서
한 사람을 바라보는 것은 그런 사람들을 온전한 인간이 아
니거나 마치 외계인으로 보는 시각을 양산하고, 따라서 그
런 사람들은 보통 사람들과 똑같이 대우할 필요가 없다는
생각을 조장합니다. 이런 비인격화는 이런 사람들이 자신
에게 필요한 서비스를 받을 때 학대 및 무시를 당하는 방식
으로 처참하게 낮은 질의 대우를 받는 결과를 빚었습니다.

'부정적 편견' 이란 하기 어려워하는 것 혹은 할 수 없는
것에 초점을 맞춰서 그 사람의 삶 전체를 바라보는 것입니
다. 이런 사람은 자신의 그런 부정적인 부분에 온 시간을
할애합니다. 평생 당신을 힘들게 하는 부분에 초점을 맞춰
서 살고, 하루의 대부분을 당신이 못 하는 것, 혹은 개선되
지 않는 어려운 점에 집중하는 삶을 산다고 가정해 보세요.
매일매일의 대화가 당신이 할 수 없는 것에 대한 것이라면

어떨까요? 당신의 하루하루가 그렇다면, 평생의 삶이 그렇다면, 자기 자신에 대한 긍정적인 마인드를 가지고 사는 것은 매우 쉽지 않을 것 입니다.

'특정 부분을 확대 해석하기'란 그 사람의 삶의 모습 중 아무도 알아 주지 않는 부분이 있다는 의미입니다. 그것은 성격일 수도 있고, 살아온 삶의 이야기, 엉뚱한 매력, 열정, 독특한 기질부터 자신만의 습관, 생각하는 방식, 자신에게 동기부여가 되거나 관심거리가 되는 것, 그 사람만의 소소한 소통 방식들까지 모두를 아우릅니다. 평범한 사람이라면 누구나 보이는 이러한 특성들을 우리는 장애가 있는 사람을 볼 때는 아예 고려하지 않거나 혹은 그 사람의 '장애'와 연관시켜서 바라봅니다. 자신의 이러한 특성을 아무도 알아 주지 않거나 혹은 편견을 가지고 바라본다면 긍정의 힘을 가지고 살기 어려울 것입니다.

'특정 부분을 확대 해석하기'는 여러 가지를 지적합니다. 이는 사실 우리가 어떻게 한 아이를 알아 가고, 그 아이에 대해 지혜롭고 존중하는 모습으로 축복하는 관계를 이어 가서 이러한 아이들이 자신의 존재와 삶에 대해 긍정적인 모습을 가지고 살 수 있게 할 수 있을까에 대한 것입니다. 다른 대부분의 아이들이 그러하듯이요. 그리고 그 이상이기도 합니다. 어느 한 사람의 미래에 대한 것이니까요. 우리들은 대개 우리가 좋아하는 일, 스스로에게 쉬운 일에 관심을 가지고 자라나지 우리가 싫어하는 것 혹은 하기 어려운 일에 초점을 맞추어 성장하지 않습니다. 어른이 되어가며 자신의 강점을 중심으로 자신의 부족한 부분들을 보상해 나가거나 피하는 방식을 찾아 성인으로서의 삶을 만들어 나갑니다. 스스로 부족한 부분을 인정하면서도 새로운 도전을 받아들이면서 삶의 균형을 맞춰 가는데, 이때 자신의 장점을 최대한 부각하고 단점을 최소화하려고 합니다. 이게 대부분의 사람들이 어른이 되는 방식이고 자신의 삶을 만들어 가는 방향입니다. 장애를 가지고 살아가는 사람들의 '삶' 또한 '광범위하고 균형 잡힌 프로그램으로 짜인 일과'가 아니라 응당 위와 같은 인간의 본성을 반영하는 삶이어야 합니다.

거창한 말과 감성적인 문구로 들리신다면 다른 어떤 실제적인 적용을 생각해 볼 수 있을까요? 한마디로 제가 강조하는 점들을 다시 강조하게 되네요. 부모님은 자신감을 가지셔야 합니다. 여러분이 자신의 아동을 가장 잘 알고, 소위 당신 아동의 작은 그 어느 한 부분에 있어서는 전문가라는 사람보다 훨씬 더 당신의 자녀에 대한 전문가이십니다. 대개 부모들은 자녀의 양육에 관한 것이라면 이것저것 시도해 보고 즐거운 추억도 쌓고 아이의 삶을 함께하며 당신의 자녀가 어떤 아이인지, 어떤 삶이 그 아이에게 어울리는지 더 깊게 알아 갑니다. 여러분도 한 아이의 부모임을 잊지 마시고, 부모로서 아이에게 해주고 싶은 것에 자신감을 가지고 적극적으로 임하세요. 교정, 재활, 교육과 같은 프로그램은 중요합니다. 하지만 당신의 자녀에게 문제가 되는 그 부분에 시시각각 촉각을 세운 프로그램에 모든 시간을 쏟기보다, 그 외에도 그만큼 여러분의 자녀에게 중요한 것들이 있음을 잊지 마세요. 자녀와 당신 모두가 즐기고 추억할 수 있는 순간들을 만들어 나가세요.

물론 전문가들은 한 아동을 전면적 인격체로서 이해하고 아동에게 어울리는 삶을 고려하는 것을 '인간중심 계획'이라고 부르기도 하는데, 특정 증상에 대한 세부항목표나 문제양상에 중점을 둔 치료에 초점을 맞추는 것보다 훨씬 많은 정보를 요구하고 실행하기도 훨씬 어렵습니다. 주의가 요구되기도 합니다. 쟁점은 어떤 진단검사를 사용해야 한다기보다 그림으로 치면 부정적인 이름표가 되는 부분들을 배경에 두고, 아동의 진짜 삶에 포커스를 두는 것이라고 할 수 있습니다.

우리가 이러한 점들을 발전시켜 다른 사람들에게도 이해시키고 사회의 관심을 끌어들일 수 있다면, 어떤 이름표를 부여받은 사람도 사실은 그리 다르지 않다는 것과 우리와 똑같이 삶에 시련도 있지만 자신에게 맞는 삶을 찾아 나가는 똑같은 사람이라는 것을 인식시켜서 우리 아이들에게 줄곧 일어나던 학대와 편견으로부터 우리 아이들을 지켜 내고 또

지켜 내는 긴 여정을 이뤄 낼 것입니다.

추신

저는 현재 제공되는 치료와 프로그램에 주로 쓰이는 검사 진단표 방식의 접근에 대한 비중을 줄이는 입장을 취하고 있습니다만, 중요한 것은 진단을 받은 당신의 아동이 꾸준하게 진단검사를 받을 것이라는 점입니다. 진단검사를 통해 정보를 계속 얻게 되고, 이는 질의응답형식을 포함합니다. 다음은 진단검사 시 검사자가 당신의 아동을 인간중심 접근의 방식으로, 인격체의 한 사람으로서 당신 아동의 삶속에서 좀 더 포괄적인 큰 그림을 가지고 진단하는 데 유용한 리스트입니다.

- 아동을 묘사할 수 있는 단어
- 아동이 가족 중 가장 좋아하는 사람
- 성격
- 진단받은 증상(예 : 자폐증, 클라인펠터 증후군, 윌리엄스 증후군) 외의 아동의 모습
- 좋아하는 것이나 동경하는 사람
- 아동 본인이 개인적으로 좋아하거나 싫어하는 것 중 중요한 것들
- 학습 방법/스타일

- 집중하는 방법 및 스타일(잘 기억하는 것과 거의 기억 못하는 것)
- 긍정적인 습관들(하루를 보내는 데 도움이 되는 행동이나 물건들)
- 컨디션이 가장 좋은 날과 나쁜 날(어떻게 하면 좋은 하루를 보내는지 혹은 나쁜 하루를 보내기 쉬운 증후들)
- 아동 자신에게 어떤 것들이 중요한가요? 끝까지 떼를 쓰거나 하루 일과 중 꼭 해야만 직성이 풀리는 일이 있다면?
- 아동을 위해 당신이 중요하게 여기는 것에는 어떤 것들이 있을까요? 아동 본인에게 중요한 것이 아닐지라도 아동에게 중요한 것, 필요한 것이 있다면?
- 보호자 자신에 대한 서술 : 스스로에게 어떤 것이 도움이 되고 어떤 것이 도움이 되지 않나요?
- 치료자, 검사자에 대한 당신의 의견 : 어떤 것은 받아들일 수 있고 어떤 것은 잘 받아들이기 어렵나요?
- 보호자 입장에서 기대되는 변화 : 아동에게 어떤 변화, 발전을 기대하십니까?

이 리스트는 일부일 뿐이고 필수 체크리스트는 더더욱 아닙니다. 이 리스트에 있는 질문들이 부모로서 당신의 자녀를 직접 묘사하는 데 도움이 되며, 다음 검진 때 효과적으로 쓰일 수 있을 것입니다.

엄마만의 통찰력

위 글을 쓰고 저는 루디(제3장)의 어머니로부터 이메일을 하나 받았습니다. 지난 몇 년간 저는 루디의 어머니와 서로 연락해 왔는데, 루디의 어머니는 루디가 보는 세상에 대해 또 루디가 어머니와 의사소통하는 방식에 대해 각별한 통찰력을 가지고 계셨습니다. 루디는 세상에 대해 매우 독특한 세계관을 가지고 있으며, 매우 복합적인 요구사항을 가지고 있습니다. 아래는 루디의 어머니가 루디와의 지난 여정에 대해 쓴 고백입니다. (참고로 루디는 지금 젊은 청년이 되었습니다.)

내게 있어 루디는 자신만의 독특성이 항상 확고한 아이이지만 동시에 우리 다른 가족과도 다를 바가 없죠. 우리가 원하고 필요로 하는 그런 것들을 그 아이도 또한 원했으니까. 루디를 대할 때 전 항상 '인간이라면 누구나 원하고 또 대우받기 원하는 방식이 무엇인가'를 바탕으로 루디가 처한 상황에 맞춰 생각해 보았어요. 나이, 발달 정도, 가치, 성격, 자원 등과 같은 것을 루디의 상황에서 바라보았죠. 루디도 같은 사람이니까. 외계인이 아니니까. 자폐에 대해 전혀 지식이 없는 사람들에게 아스퍼거를 가진 사람을 화성에서 온 외계인에 비유하는 것만큼 상처를 주는 것도 없어요. 실제로 많은 면에 있어서 선생님이나 저와 같은 비장애인에게 적합하고 맞는 것이 루디에게도 그렇다는 걸 느껴요. 이해가 되실지 모르겠는데, 그냥 그렇게 받아들이는 게 필요할 뿐이에요. 저에게 맞는 방식이 우리 루디에게도 제일 적합한 방식인 셈인 거죠. 루디가 얼마나 다른 아이인가를 생각해 보면 참.... 만약 저에게 비장애인인 아이가 있었다고 해도 저는 똑같이 대했을 거에요. "10km 걷기를 마치면 톰 존스 콘서트에 가는 걸로!" 와 같이 제가 스스로에게 맞는 보상을 원하듯, 루디는 운동의 대가로 스페셜한 커피 원두 두 봉지를 원하겠죠. 저에게 톰 존스가 특별한 의미이듯이 루디에게는 커피가 의미 있으니까요. 이렇게 같은 방식이지만 루디에게 동기부여가 되는 것, 루디가 좋아하는 것과 같은 루디만의 특성을 고려했어요. 아마도 제가 하고 싶은 말은 이거인 것 같아요. 자폐아는 자폐아만의 특수성을 가지기도 했지만 보편성도 가졌어요. 자폐아만을 위해 모든 것을 맞춤형식으로 다 만들어낼 필요는 없는 것 같아요. 뭐 물론 선생님은 동의하지 않으실 수 있겠지만요. 전 항상 그 아이의 필요, 나이, 이해, 왜 그러는지 등을 그 아이에게 하나하나 설명하면서 맞춰 나갔죠. 그게 제가 생각하는 인간의 기본권리 뭐 그런 거라고나 할까요?

3. 형제자매

중증 발달장애 아동과 함께 자라는 형제자매들에 대하여

이 부분은 중증 발달장애 아동과 함께 자라는 형제자매들이 어떤
영향을 받는가에 대한 내용입니다.

모든, 특히 다른 형제자매도 함께 키우는 부모님들께

중증 발달장애 아동과 함께 자라는 형제자매들에 대해 여
러 생각이 있으실 거예요. 이 아이들이 상처를 받거나 혹은
같은 방식의 문제를 보이지는 않을까? 자라면서 안 좋은 영
향을 받거나 삐뚤어지면, 잘못 성장하면 어쩌지? 많은 다른
질문들이 그러하듯이, 이런 질문에 대한 한마디의 명쾌한
해답은 없습니다. 발달장애 아동이 있는 가족은 어떤 통일
된 양상을 보이는 특수집단이라고 단정 지을 수도 없습니
다. 각 가정이 겪어야 하고 경험하는 것들은 매우 다양합니
다. 가족 구성원이 영향을 주는 요소들은 각 구성원의 개인
적 특성, 각 구성원의 발달 나이, 서로와의 관계뿐만 아니라
보다 평이한 요소들, 즉 가족역학, 스타일, 분위기, 공식/비
공식적으로 받을 수 있는 지원, 물질적인 요소나 집안환경
까지 다양합니다. 이렇게 다양한 상황에 있는 가정의 부모
님들 모두에게 적용될 수 있는 어떤 한 문장을 정의내리는
것은 따라서 매우 어렵지만, 여러분을 응원하고 자신감을

북돋워 드리면서 실제적인 가이드가 될 것들을 함께 나누어 보도록 하겠습니다.

부모가 되는 것은

아이들이 잘 자라나는 데 부모님의 관심이 24시간 필요한 것은 아닙니다. 자녀가 둘이라고 해서 부모의 시간을 반반씩 나눠서 보내야 하는 것도 아닙니다. 아이가 가진 발달문제를 잠깐 내려놓고 생각해 보세요. 어느 가정에나 부모가 아이 양육에만 매달리는 것도 아니고, 또 어떤 아이는 다른 아이보다 손이 많이 가곤 합니다. 하지만 신체적, 성적, 감정적 학대나 심한 방임과 같은 극한 상황에 아이를 내몰게 되면 아이에게는 이상이 생길 수밖에 없을 것입니다. 아이들이 자라는 환경에서 부닥치는 다양한 상황을 고려해 보면 인간의 발달력은 회복하려는 강한 본성을 가지고 있습니다. 즉 부모가 되는 방법에 정석이란 존재하지 않고 아이들은 다양한 양육방법을 통해 성장하게 되는 것입니다.

특별한 관심과 주의를 요하는 아동은 그렇지 않은 자녀들에 비해 부모의 관심을 더 많이 받고 자라나기 쉽습니다. 대부분의 경우가 그렇지요. 그런 양육환경에 놓여 있을 때, 혹은 그런 양육환경 자체가 해가 되지는 않습니다. 부모님이 명심해야 할 점은 먼저 문제가 없는 자녀를 위한 공간을 마음속에 항상 마련하시고 그 자녀를 위해 시간을 할애하는 것입니다. 얼마나 성장했는지, 어떤 걸 필요로 하는지, 그 자녀를 위한 마음의 시간과 공간을 잊지 마세요. 너무 당연하게 생각하실지 모르겠습니다만, 항상 도사리고 있는 위험을 예방하는 하나의 방법입니다. 가족의 모든 삶의 영역이 특별한 관심과 주의를 요하는 자녀를 중심으로만 형성된다면, 당신의 가정에서는 그 자녀가 바로 '독재자'인 셈이고, 이와 같은 불균형적 가족관계는 다른 가족 구성원들의 관계에 큰 짐을 지웁니다. 어머니와 아버지 두 사람의 관계에 제약을 주고 다른 자녀들은 가족의 중심에서 벗어나게 됩니다. 어느 한 사람의 가족 구성원에게 힘이 쏠린 가족관계와 같은 문제는 어느 가정에서나 일어날 수 있고 독재자는 아동이 될 수도 있지만 엄마나 아빠, 할머니나 할아버지가 될 수도 있습니다. 가족으로서의 삶엔 어떤 균형이 필요합니다. 그 균형에는 모든 가족 구성원이 고려되어야 하고 모두가 행복해지는 방향이어야 할 것입니다. 마음속에 다른 자녀의 방을 마련하는 것은 가족관계의 균형을 잡고 가족이 행복해지는 이정표가 될 것입니다.

물론 마음속의 방이 현실에서도 반영되어 다른 자녀들이 원할 시 엄마 아빠가 함께 시간을 보내고, 부모도 아이들에게 필요한 것을 충분히 해줄 수 있다면 좋을 것입니다. 하지만 현실에서 부모의 관심과 시간을 가장 많이 독차지하는 것은 특별한 관심과 주의를 요하는 아동입니다. 다른 자녀를 위한 시간은 늘 부족하고 다른 자녀에게 못해주는 것들이 줄지 않습니다. 하지만 만약 부모가 다른 자녀와 함께 보내는 시간이 존재하고 그게 반복된다면, 이런 경험들이 쌓여서 다른 자녀는 자신도 부모에게 소중한 존재라는 것을 느끼며 자라날 수 있는데, 이렇게 함께 보내는 시간은 굳이 자주일 필요도 계획적이거나 주기적일 필요도 없습니다.

이와 같은 환경에서 자란 형제자매들에 대한 연구는 대개 긍정적인 결과를 보여줍니다. 장애를 가진 형제자매를 둔 아동은 종종 짜증을 내거나 성질을 낼지라도 장기적인 문제로 이어지지 않으며, 오히려 상당한 장점들을 가지기도 하는데 바로 다음 챕터에서 더 자세히 다루도록 하겠습니다. 그래도 아이들은 부모님에게 짜증도 내고 화도 낼 것입니다. 어느 가정에서든 아이들은 엄마 아빠에게 "이건 불공평해요!" 라고 불평을 하고 엄마, 아빠가 자기만 덜 사랑한다고 서운해합니다. 섭섭하지만 이는 인간 성장의 본연적인 모습이며 부모들이 가장 덜 좋아하는 성장과정의 한 단면이기도 하답니다.

특별한 형제자매와 함께 자란다는 것은
발달장애를 가진 형제나 자매와 함께 자란다는 것은 의심할 여지도 없이 많은 어려움을 수반합니다. 이런 아동을 위해 부모가 마음의 방이나 시간을 가지는 것의 중요성은 이미 앞에서 다루었는데요. 사실 장애를 가진 아동은 다른 형제나 자매의 놀이에 훼방을 놓고 물건을 망가뜨리며 숙제를 방해하고 때리거나 자기 마음대로 대하기 때문에 발달장애를 가진 형제나 자매와 함께 자라는 아동은 많은 방해요소들을 경험합니다. 특별한 형제나 자매의 존재 자체가 창피함을 겪게 하기 때문에 친구들을 집으로 부르는 것도 함께 밖에 나가서 노는 것도 마음에 썩 내키지 않아 합니다. 이와 같은 다른 또래와의 문제뿐만 아니라 자녀들 사이에서의 문제도 존재합니다. 하지만 자녀들 사이에 문제 하나 없는 가정이 어디 있습니까? 또한 어떤 아이들은 큰 문제없이 자라지만 모두가 그런 것은 아닙니다. 한 예로 첫째는 동생과 아무 문제없이 컸다고 생각하지만, 둘째는 사실 형 때문에 마음속에 큰 스트레스를 안고 자라는 일이 없지 않지요.

　이런 소용돌이 속에 또한 뜻밖의 선물과 같은 감동과 감격이 있습니다. '장애'라는 타이틀을 가진 누군가를 오랫동안 자신의 삶에 함께해 본 경험이 있는 분이라면 제가 무슨 말을 하려는지 이해하실 것입니다. 인간이 처한 환경이나 우리가 속한 세상에서 아옹다옹 살아가는 사람들을 경험하며 마음속에 인간 자체에 대한 어떤 심오한 (제가 느끼기에는 대개 긍정적인) 연민과 같은 마음을 품게 된다는 것 말입니다. 이런 과정에서 우리는 많은 것을 배우고 또 경험해 보지 않고서는 절대 알 수 없는 그런 마음을 얻게 됩니다. 우리의 사고에는 보통 사람들에게 없는 그런 안테나가 하나 더 있는 셈인데, 덕분에 꽤 유쾌한 일을 경험하기도 합니다. 예를 들어, '장애'를 떠올리면 대부분의 사람은 비극, 슬픔, 상실, 부족을 생각하기 마련이지만 '장애'를 가진 사람과 함께하는 삶 속에는 미소짓게 하고 한바탕 웃게 하거나 놀라운 예상치 못한 기쁨도 있습니다. 장애를 가진 아동이 주는 창피함을 극복하기만 하면 그 가족은 생각지도 못한 상황에서 빵 터지는 행복을 경험하기도 합니다. 장애를 가지지 않은 자녀들은 이런 경험을 함께하며 장애를 가진 형제나 자녀를 통해서 세상을 특별하게 보는 시각을 얻기도 합니다. '빨리 자라서 내가 널 도와줄게.'라는 생각을 가지고 자라기도 합니다. 이런 생각을 부정적으로 보는 입장도 있긴 하지만 어른이 되어 인턴이나 취업과 같은 진짜 세상과 맞닥뜨렸을 때 이런 생각을 가지고 성장한 아동에게 돌아오는 이점은 상당합니다. 이렇게 특별한 경험을 통해 성장한 아동은 직업 선택에 있어서도 '인간중심적'인 직업을 고르기도 하는데, 이것이 문제인지 아닌지에 대한 가치 판단은 개개인의 관점의 차이일 것입니다.

장애를 가진 자녀와 함께 자라는 자녀에 대한 도움과 지지도 점점 확대되고 있는데 이런 자녀들을 위한 책, 집단치료, 캠프 등의 활동이 있습니다. 이런 활동들은 이해를 도모

하고 고립문제를 줄이며 스트레스를 날리고 좋은 시간을 가질 수 있게 돕습니다.

　형제자매로서의 삶에는 내려놓아야 할 것부터 얻게 되는 것까지 수만 가지의 것들이 함께 존재합니다. 기존 연구는 적어도 장애를 가진 자녀와 함께 자라나는 게 부정적 효과를 야기하지 않는다는 입장입니다. 물론 예외도 있겠지만 장기적으로 볼 때는 긍정적이라는 입장을 취하고 있습니다. 아이들은 위기와 도전도 경험하지만 축복과 이점도 얻습니다. 가족이 어느 한 가족 구성원에게 모든 관심과 시선을 집중시키지 않고, 가족 구성원 모두를 바탕으로 가족관계를 형성하며 서로서로 존중하고 가치를 인정해줄 때, 도전이 되는 경험을 할 때마다 우리 가족이 얼마나 회복력이 강하고 단단한지 경험하시게 될 것입니다.

아이들만 남겨질 때를 생각하면

아이들이 나이를 먹을 때 부모도 그만큼의 세월을 보냅니다. 이 책과 관련 있는 장애를 가지고 있는 아동들의 대부분은 어른이 되어서도 어떤 특정한 도움과 지원을 필요로 할 확률이 높습니다. 어른이 된 자녀에게 부모가 함께할 수 있는 시간은 한정되어 있기 때문에 그 몫이 고스란히 형제자매에게 돌아가게 됩니다.

　형제자매에게 기대하는 정도는 각 가정에 따라 또 문화

에 따라 매우 상의하고, 개인차 또한 존재합니다. 저는 두 가지 정도를 중점으로 이야기하고 싶습니다. 첫 번째는 부모님이 계시지 않을 때 일어날 일들에 대한 논의와 결정은 한 번에 할 수 있는 일이 아니기 때문에 다 같이 모였을 때 논의하는 것이 좋으며, 가족 구성원 중 누군가가 독재하는 분위기나 누군가를 배제한 논의는 지양하는 것이 좋습니다. 이렇게 조심스러운 문제일수록 수차례에 걸쳐서 지속적으로 논의하는 것이 좋습니다. 몇 년이 될 수도 있습니다. 되도록이면 가족 구성원들이 마음을 터놓고 자유롭게 이 이야기를 꺼내 대화할 수 있으면 좋고 자녀들이 철이 들면 함께 대화할 수 있도록 하세요. 형제자매가 할 일들에 대한 토의에 국한하지 말고 형제자매들과 함께 도움이 필요한 자녀를 위한, 또 그 자녀와 함께하는 삶에 대해 공통된 비전을 발전시키는 과정이라고 생각하세요. 공통된 비전을 통해 각 형제자매가 어떤 역할을 할지에 대해 생각해 볼 수 있습니다. 의견 충돌도 충분히 있을 수 있으니 시간을 가지고 위기상황이 다가오기 훨씬 전부터 이런 대화를 시작하시는 것이 서로가 이해할 수 있는 방향으로 해결책을 찾는 데 도움이 될 것입니다.

　두 번째로 제가 말씀드리고 싶은 것은 제 개인적인 간청처럼 들리실 수도 있겠습니다. 제 생각에 발달장애를 가진 이들에게 가장 중요한 것은 형제자매가 자신을 가족으로 생각해서 받아들이고 자신을 위해 어떤 것도 대변해 줄 수 있는가입니다. 발달장애자를 위한 장기적인 복지 측면에서 봤을 때 대변인의 역할은 크고, 혈연관계의 사람이 대변인이 되어 장기간 지원하는 것은 그 어떤 좋은 서비스 체계를 가진 대변인 지원 시스템보다 더 강력합니다. 하루를 마칠 때 우리와 함께하는 것은 가족입니다. 따라서 가족이 어떤 상황에 처해 있는가 혹은 그 가족에게 '맞는' 방법이 무엇인가를 떠나서 가족관계가 파괴되어 결과적으로 가족이 적극적으로 장기적인 대변인이 되는 것을 막는 최악의 상황을 피하는 것이 중요합니다. 이는 장애를 가진 가족 구성원이 행복할 수 있는가 없는가와도 직결되는 문제라고 봅니다.

가족의 어떤 요소가 어떤 결과로 이어지는지에 대해 현명하고 실질적인 도움을 주는 것은 쉽지 않습니다. 하지만 제 글이 각 가정에서 겪는 문제들을 다루는 데 큰 가이드라인이 되고 매일매일 겪을 어려움 속에서도 희망의 조언이 되어 당신의 생각이 장기적으로는 긍정적인 결과를 낳는 방향에 집중할 수 있기를 바랍니다.

4. 시스템 관리하기

장기간 여러 전문 기관을 상대할 때 부모로서 겪는 시련에 대하여

이 부분은 오랜 시간에 걸쳐 여러 전문 기관을 상대해야 하는 부모로서 겪는 시련들을 어떻게 대처할 수 있을까를 다룹니다.

부모님께

이 편지를 읽으실 때쯤이면 발달장애를 가진 사람을 위한 유료 전문 기관, 단체, 혹은 개인들을 충분히 많이 경험하셨을 것 같습니다. 여러분이 경험한 그 전문 기관들의 범위는 건강부터 교육, 사회복지까지 다양할 것이고 정부 보조기관부터 사립, 봉사단체까지 그 모습도 다양할 것입니다. 그들이 제공하는 서비스 또한 여러 가지 진단부터 조언, 컨설팅까지 다양한데 그 형태에 있어서도 놀이방, 학교, 홈스쿨링, 방과 후 활동 등 여러 가지가 있을 것입니다. 이렇게 만나게 되는 사람들 대부분은 친절하지만 그렇지 않은 사람도 있습니다. 당신 자녀의 문제에 대한 이해와 경험 정도에서도 큰 개인차를 보일 것입니다. 그 사람이 당신에게 무엇을 제공할 수 있는가에 따라 모든 게 결정될 것입니다. 당신은 꽤 많은 시간을 이런 사람들과 만나고 상담하는 데 보내게 되며 직접 기관을 방문하기도 하고 그 사람들이 당신

을 방문하기도 하며 꽤 많은 서류를 작성하게 됩니다. 당신이 만나게 되는 사람의 대부분은 당신의 자녀를 이해하고 각각 그 방면에 뛰어나며 당신의 자녀에게 있어서 가장 중점이 되는 일을 하게 될 것이라고 믿는 사람들일 것입니다. 여러분의 삶에 있어서 이러한 전문적인 수준의 참여는 여러분의 가정에 새로운 세상을 열어 줍니다. 어떻게 보면 가족의 삶 자체가 전문화되는 거라고 할 수 있습니다. 사생활이 어느 정도 노출되며 당신 가족의 삶의 가장 은밀한 면까지도 많은 부분이 많은 사람에게 노출되는 것을 동반합니다. 이런 '체계'를 관리하는 데 도움이 되는 정보를 알려드리도록 하겠습니다.

자신이 누구인지 기억하세요

여러분이 바로 자녀의 부모입니다. 여러분은 자녀에 대해 가장 많이 아는 사람입니다. 여러분이 그 자녀와 가장 많은 시간을 보내는 사람이고, 따라서 체크리스트의 어떤 사항에 자녀가 해당되는지 여러분보다 더 잘 아는 사람은 없습니다. 아동이 어떻게 행동하는지, 무엇을 할 수 있고 무엇을 할 수 없는지, 어떤 것을 좋아하고 어떤 것을 싫어하는지, 아동에게 어떤 것이 적합하고 어떤 것이 그렇지 않은지 여러분보다 더 잘 아는 사람은 없습니다. 여러분만큼이나 아동에게 책임감을 느끼는 사람 또한 없습니다. 자녀의 상태에 대한 전문화된 지식은 설령 없을지라도 한 사람의 인격체로서 당신의 자녀를 가장 잘 이해하는 이는 바로 부모님 여러분들입니다. 모르는 지식을 가지고 있는 전문가들을 만나는 이가 바로 부모님 여러분들입니다. 전문가들은 여러분이 생각하지 못했던 새로운 사실을 알려 주기도 하고 당신의 자녀 또한 새로운 사람을 만나면 새로운 행동을 보여주기도 할 것입니다. (다른 모든 아이들과 마찬가지로 말이죠.) 외부로부터 압박이 올 때 당신 아동에게 가장 잘 맞는 것을 아는 사람은 바로 당신임을 잊지 마세요. 물론 다른 사람들의 말에도 귀 기울이시고 도움이 되는 정보를 놓치지 마세요. 하지만 당신이 느끼기에 그 조언이 자녀에게 맞지 않는다면 그 조언은 정말 맞지 않을 수 있습니다. 당신 자녀의 삶을 결정하는 많은 부분은 바로 당신의 선택에서 시작됩니다. 따라서 어떤 시스템을 받아들일 때 중요한 것은 전문가들의 제시하는 조언, 충고보다 과연 당신이 자신감을 가지고 적용할 수 있는가입니다. 물론 전문가의 역할은 큽니다. 하지만 그들의 역할은 조언을 하고 서비스를 제공하는 보조자의 역할이지, 당신을 대신하여 결정하고 앞으로의 방향을 정하는 사람이 아닙니다.

업데이트하세요!

이 일을 시작할 때부터 어떤 서비스가 있고 어떤 정부지원을 받을 수 있는지 이 모든 것을 부모님이 알 수 있게 해야 한다는 신념을 가지고 있었습니다. 그러기 위해서 여러 가지 형태로 관여된 요직의 사람들과 긴 리스트의 기관, 직책, 팸플릿, 웹사이트를 조사하였습니다. 40년 전이나 지금이나 여전한 것은 대부분의 부모님들은 다른 부모님과의 대화를 통해서 중요한 서비스들을 알게 된다는 것입니다. 교훈을 하나 발견했습니다. 자녀를 위한 어떤 서비스가 세상에 있는지 알기 위해서 부모님은 적극적으로 정보에 다가가야 한다는 점입니다. 다른 부모님들과 대화하세요. 인터넷 정보도 활용하세요. 당신 자녀의 문제와 연관이 있는 부모 주관 단체에 가입하시고, 당신이 만나 본 전문가들에 대해 곰곰이 생각해 보세요. 이렇게 하시면 누군가가 당신에게 정보를 제공해 주기를 기다릴 때보다 훨씬 더 최신 정보를 제대로 접하실 확률이 높습니다. 당신에게 도움이 되는 정보를 추려서 알려 주는 것을 직업으로 하는 사람들이 유용하기도 하지만 그런 정보제공에만 너무 의존하지 않으시길 바랍니다.

어떤 서비스가 존재하는가를 아는 것만큼 중요한 것이 서비스의 질이 높은가 그렇지 않은가를 아는 것입니다. 제공하는 서비스의 수준은 과연 어떤가? 이 질문이 훨씬 더 어려운 것인데 서비스의 수준을 통제하는 기술이 훨씬 더 고난이도이기 때문이기도 하고 각 가정마다 적정선에 대한 기준이 다르기 때문이기도 합니다. 즉 어떤 것을 중점을 보는지, 어떤 것을 '높은 수준의 서비스'라고 보는지 각 가정마다 차이가 있음을 뜻합니다. 어느 정도 발전했다고 보는 점은 영국정부기관이 학교, 의료, 사회복지 서비스를 정기적으로 점검하고 그 결과를 공개한다는 점입니다. 기관들마다 다른 종류의 승인, 인가를 받기도 하는데, 영국의 경우 자폐와 관련된 승인은 국립자폐협회와 연계되어 있습니다. 가장 최근의 업데이트는 여행정보 웹사이트와 같은 사이트를 만들려는 시도인데, 이를 통해 각 서비스에 대해 개개인이 코멘트를 달면 그 코멘트들이 공유될 수 있을 거라고 기대하고 있습니다. 이런 종류의 정보는 유용할 것으로 전망되고 있으나 실패할 염려가 전혀 없다고 할 수 없습니다.

기억하셔야 할 중요한 포인트는 양질의 평가 자료는 실제적으로 서비스를 경험해 보거나 서비스를 점검해 본 사람으로부터 나온다는 점입니다. 기관 자체에서 실시한 점검의 가치와 질은 상대적으로 훨씬 낮습니다. 뻣쩍뻣쩍한 브로슈어에 상세하게 기술된 정책 자료, 장황한 소개문은 실제 서비스는 어떠한가에 대한 정보를 거의 담고 있지 않습니다. 이럴 때 우리는 "말이야 쉽지."라는 말과 딱 맞는 상황을 접하게 됩니다. 서류상으로 매우 괜찮아 보이지만 실제로는 형편없는 곳도 있을 것이고 서류에는 신뢰를 주는 정보가 미흡한데 막상 가보면 정말 괜찮은 곳도 있을 것이며,

서류 정보를 믿고 갔는데 그만큼 흡족한 곳도 있을 것입니다. 면밀한 조사 없이 이런 정보를 아는 것은 불가능합니다. 이는 실제로 경험하거나 그 서비스를 경험한 사람과의 정보 교류에 대한 리서치의 필요성을 보여주는 면이며 서비스의 수준에 대하여 당신에게 최상의 정보를 제공하는 데 유용할 것입니다.

문제를 일으킬까 봐 겁먹지 마세요

'전문적 시스템'을 이용하기로 결정한 후, 삶의 이곳저곳까지 '전문화'의 영향을 받는 것은 적지 않은 부담이 됩니다. 대단한 전문가가 영입이 되기도 하고, 정말 영향력 있는 사람을 마주하게 되기도 합니다. 특히 영국 사람들은 전문가들과 정면충돌을 하거나 현 서비스에 대한 불만, 아쉬움을 표현하는 것을 꺼리는 경향이 있습니다. 하지만 지난 40년간의 저의 경험을 비추어 말씀드리면 자기 목소리를 내서 원하는 것을 얻는 방법의 중요성을 깨닫지 않은 가정은 하나도 없습니다. 당신이 원하는 것, 특히 대개 생각할 수 있는 범위를 넘어서는 것에 대해 바라는 것이 있다면 각 가정 차원에서의 요구가 이뤄질 가능성은 적습니다. 이는 이제까지 잘 지내 왔던 서비스 제공자들에 대해 당신이 정면으로 도전을 하는 것이기도 하기 때문입니다. 하지만 이는 또한 한 번 요구해서는 절대 들어주지 않는 그런 일들에 대해 당신이 끝까지 저항하겠다는 것이기도 합니다.

침묵으로 일관하는 이런 '영국식 병'을 떠나서 서비스 제공자들에게 정면으로 대항하는 것을 어렵게 하는 면이 또 있는데 그것은 바로 '내가 부모라고 너무 시끄럽게 굴면 이게 우리 아이에게 고스란히 돌아가는 거 아니야?'라는 걱정입니다. 학교나 기숙시설을 제공하는 곳과 관련된 문제일수록 더욱 그러한데, 자녀에 대한 서비스 중 큰 부분이 걸린 문제이기 때문입니다. 이런 불안은 충분히 있을 수 있습니다. 오히려 이런 피해사례가 되는 것에 대해 전혀 고려하지 않는 것이 문제라고 할 수 있습니다만 그런 피해사례가 일어나는 것을 저는 본 적이 없습니다. 강력하게 자기 요구를 하는 부모님은 자녀에게 가장 중요하다고 믿는 것을 얻어낼 확률이 훨씬 높고, 부모의 강력한 요구 때문에 자녀가 보복을 당하지는 않을 것입니다. 요구가 많은 부모에 대해 관계된 사람들은 불평을 하기도 하지만 제 경험에 비추어 보면 그 화가 아동에게 돌아가지는 않습니다.

하지만 강력하게 요구하는 데도 여러 가지 방법이 있음을 명심하세요. 화를 추스르지 못하거나 위협을 주거나 목에 핏대를 세우며 도를 지나칠 경우, 그 요구는 쉽게 받아들여지기 어렵습니다. 오히려 상황을 더 악화시키기 쉽지요. 더 효과적인 방법은 바로 강력하게 요구하되 인내심을 가지는 것입니다. 요구를 할 때 그 내용을 확실히 하고 차분하게 말하되 결단력 있게 주장을 내세워 당신이 절대 그냥 집에 돌아가지 않을 것이라는 사실을 알게 하는 것이 중요합니다. 기관에서 "안돼요."라고 수차례 말하다가 결국엔 "알았습니다. 해드릴게요."라고 하는 패턴을 많이 봤습니다. 그러니 누가 이기나 한 번 봅시다!

가능하다면 함께 움직이세요

아동에게 가장 적합하다고 생각하는 서비스를 찾아 헤매는 당신에게 특별히 힘이 될 만한 것을 찾는 것은 어느 가정에서도 쉽지 않습니다. 당신이 혼자 그 일을 해야 한다면 특히 더 어렵습니다. 이런 상황에 놓이면 '난 진짜 무심하구나.', '아, 한심해.', '아니 이게 말이 돼?' 라는 생각을 가지게 되기도 합니다. 그러니 가능하다면(항상 가능하지 않다는 것을 잘 아니까요.) 당신이 원하는 것을 얻어내기 위해 다른 부모들과 연합하세요. 단체가 되어 요구하기 시작하면 그 요구가 어느 한 이상한 가족의 억지라고 결론짓는 것을 어렵게 하며, 서비스 기관에서 느끼는 요구의 무게는 개인이 실행했을 때보다 훨씬 무거워집니다. 다른 부모들과 함께 그룹이 되는 것 또한 그들로부터 정서적인 지원을 받게 되기 때문에 당신의 생각을 정리하고 입장을 관철시킬 힘을 얻는 데 도움이 될 것입니다.

스스로를 돌보세요

아이를 양육하면서 서비스 기관과 관련된 일도 함께한다는 것은 부모에게 큰 부담입니다. 하지만 힘든 점만 있는 것은 아닙니다. 인간관계에 대해 배우고 또 자기 자신에 대해 새롭게 배우는 측면은 긍정적인 면이라고 할 수 있겠습니다. 당신의 몰랐던 능력을 알게 되기도 하지만, 이 모든 것은 힘이 부칠 때가 더 많습니다. 당신의 마인드가 제일 중요합니다. 먼저 처리해야 하고 당장 하지 않으면 안 되는 일들이 있습니다만, 이 과정을 100m 달리기보다는 마라톤이라고 생각하시는 게 좋습니다. 자녀에게 당신이 주고 싶은 것을 주는 것, 당신이 관심 있는 서비스 기관에 변화를 일으키는 것, 이런 일들에는 시간이 걸리고 당신의 에너지가 소모됩니다. 따라서 오랜 기간의 끈기와 쉼 없는 수고, 적절한 힘 조절 없이는 불가능합니다.

이는 곧 두 번째 기억하셔야 할 포인트와 직결됩니다. "스스로를 위한 시간을 보내세요." 말로 하기는 쉽죠. 우리의 '특별한' 자녀는 많은 시간과 정신적인 에너지를 필요로 합니다. 다른 자녀들도 돌봐야 하고, 그 아이들한테도 당신은 시간과 정성을 쏟아야 합니다. 삶에서 자신을 위한 시간은 남아 있지 않기 십상입니다. 그럼에도 불구하고 당신의 에너지 레벨을 조절하는 것은 매우 중요합니다. 다음을 기억해 주세요.

- 당신을 지지하고 도와줄 사람을 찾아보세요. 남편 혹은 아내가 최고의 조력자가 되기도 하지만 모두가 그런 것도 아닐테고 상대방 또한 당신만큼이나 지쳐 있을 수도 있습니다. 마음을 나눌 수 있는 친구나 친척이 있으십니까? 이야기를 할 수 있는 비슷한 처지의 다른 가족이 있습니까? 모든 것을 한 번에 다 털어놓을 필요는 없습니다만, 정기적으로 터놓고 이야기할 수 있는 상대가 필요합니다. 꼭 힘이 부칠 때만이 아니라 잘 지내고 있을 때도 마음을 터놓고 누군가와 이야기하는 것이 중요합니다.

- 가끔은 제멋대로의 시간을 스스로에게 허용하세요. 찜질방 가기, 손발 관리받기, 미용실 가기, 영화 보기, 좋아하는 커피 마시기, 바람 쐬기 등 일 년에 한 번이라도 스스로에게 보상하는 시간을 보내세요. 당신은 그러기에 충분한 자격이 있는 사람임을 잊지 말고, 스스로를 위한 보상에 더 적극적으로 임하세요.

- 가장 어려운 과제입니다. 장애를 가진 아이를 위한 모든 것을 내려놓고 아니, 자녀를 위한 모든 것에서 자유로워져서 당신만의 시간을 가지세요! 본인이 따로 하는 일이 있다면 그 직업이 이 역할을 하기도 합니다만 업무를 지속시키는 것 자체만으로 벅차기도 하고 자기 일과 장애아를 위한 일, 또 서비스 기관과 관련된 일로 충분히 당신은 지칠 수 있습니다. 부모가 둘 다 있는 가정이라고

덜 힘들지는 않지만, 편부모 가정에서는 더 힘들 것입니다. 취미생활은 당신만의 시간을 가지는 데 도움이 됨과 동시에 교육적인 효과 또한 가지고 있습니다. 많은 시간과 정성을 들여야 하는 것일 필요는 없습니다. 사실 불가능하기도 하고요. 다른 누군가를 위한 시간이 아닌 당신만의 시간을 당신의 삶 속에 가지는 것이 중요합니다.

우리를 충전시켜 주고 긍정의 힘을 불러일으키는데 또 다른 많은 아이디어들이 있을 것이라 생각됩니다. 절대로 간과되어서는 안 되는 삶의 일부입니다. 당신이 녹초가 되면 당신이 원하는 부모가 될 수 없습니다. 말씀드렸다시피 이것은 마라톤입니다. 당신 자신을 돌보는 일 없이는 불가능합니다.

그리고 기억하세요

'특별한' 아이의 부모로서 사는 삶에는 많은 역할을 감당해야 합니다. 아이를 기르는 동시에 아이를 위탁할 기관을 찾아야 하고, 아이를 위한 일을 위해 전쟁을 치루기도 하는 모습을 볼 때 제 마음도 짠해집니다. 진심으로 최선을 다하는 가족들을 위해 더 좋은 서비스를 제공하지 못하는 점은 저희들을 부끄럽게 만듭니다. 이런 현실에 부닥쳐야 하는 게 많은 가정이 처한 현실이지만, 그런 압박감과 여러분을 위한 서포트의 필요성에 대해 이제 저희는 충분히 인지하고 있습니다. 다른 한편으로 기억하셔야 할 점은 40년 전에 비하면 서비스가 개선되고 있고, 새로운 체계는 긍정적인 방향으로 향하고 있는 점이 많다는 것입니다. 이 체계 속에서 정말 무엇이 중요한지를 아는 사람, 충분한 지식을 가지고 유능하면서도 열성적인 그런 감사한 인연을 만나시기를 바랍니다. 그런 사람들은 당신의 자녀를 사랑하고, 그 자녀와 함께 큰일을 가능하게 하며, 가족들에게 이 모든 게 어떤 의미인지를 이해하는 분들입니다. 당신의 마음을 썩이는 문제들을 이해하고 해결책을 찾는 데 함께할 것입니다. 다만 그런 사람을 언제 만난다는 보장이 없으니 당신의 여정에 있을 험한 장애물에 대한 준비도 소홀히 하지 마세요.

추신 : 파일을 정리하세요

현재의 의료/서비스 체계와 시간을 함께하면 할수록 늘어가는 서류들을 발견하실 겁니다. 진단서, 서비스 계획서, 서신, 회의록 등 점점 늘어 갑니다. 이 서류에는 중요한 정보들이 많이 있습니다. 각 기관들은 자녀에 대한 파일을 만들어서 어떤 자료들은 당신에게 보내 주기도 하지요. 각 기관이 효율적으로 의사소통하는 방법 또한 다양한데 그래도 각 기관의 담당자는 당신 자녀에 대해 입수할 수 있는 가능한 모든 자료들을 검토할 것이라고 기대하셔도 좋습니다.

이 모든 상황이 일어날 만하면서도 동시에 현실적으로 다 가능하기도 어렵습니다. 기관 간 소통에 문제가 생기기도 합니다. 소위 오른손이 하는 일을 왼손은 늘 까먹어서 누구에게도 전달되지 않는 서류가 생깁니다. 이 말인즉, 정보처리와 전달에 있어서 가족들은 항상 신경을 써야 하며, 정보가 전달되어야 할 곳에 확인을 하는 것이 체계가 스스로 잘 돌아갈 것이라고 믿는 것보다 나을 것입니다. 필요할 때마다 관련 정보의 사본이 당신에게 전달되도록 하셔서 그 파일들을 미팅이나 회의 때 가져가세요. 이 파일들은 당신 자녀에 대한 '간략한 역사'를 만들어서 필요할 때 일을 진행시키는 데 속도를 내게 할 수 있습니다. 결론적으로 서류가 생길 때마다 가족들이 사본을 챙겨서 필요할 때마다 손쉽게 찾을 수 있도록 하는 것이 필요합니다. 물론 불공평한 일인 거 압니다. 그렇지만 필요한 일이라는 거, 여러분도 동의하시지요?

5. 약물치료할까요, 말까요

행동징후를 통제하기 위해 약물치료를 제안받았을 때

이 부분에서는 자녀가 심각한 행동징후를 보여서 약물치료를 제안받을 때 부모가 고려해 볼 만한 것들에 대해 다루도록 하겠습니다.

자녀의 행동징후 때문에
약물치료를 고려하고 있는 모든 부모님들께

발달장애를 가진 아동은 자신의 의지와 상관없이 집에서든 밖에서든 심각한 행동징후를 보일 수 있습니다. 해당하는 행동징후로는 생떼 부리기, 물리적 폭력성 보이기, 자해하기, 물건 부수기 등 창피한 행동의 모든 종류(예 : 버릇없이 굴기, 다른 사람 만지기, 다른 사람 냄새 맡기, 침 뱉기, 남의 음식 먹기 등)를 언급하고자 하면 끝이 없습니다. 해를 가하지 않고, 봐 줄 만한 특이행동도 있지만 격렬하게 지속되면서 위험성이 있고 쉽게 가라앉지 않는 행동은 가족들에게 큰 부담이 되고 가족의 생활반경을 매우 축소시킵니다. 이런 행동문제를 보이는 가정에게는 유능하고 전문적인 지원 서비스가 필요합니다. 행동징후에 대해서 학계는 꽤 오랫동안 연구해 왔는데, 대부분의 연구는 이런 행동징후를 효과적으로 진단하고 자녀가 행동징후를 보이는 원인에 대해 추정하여 이런 행동문제에 고착되지 않고 이겨낼 수 있도록 하는 치료에 집중해 왔습니다. 이는 어떤 행동을 보이는 데는 원인이 있고, 아마도 개인이 자신에게 중요한 어떤 문제를 해결하려는 모습이 드러나는 과정일 것이라는 입장에서 출발합니다. 부모님들께 각 지역사회가 손쉽게 높은 수준의 행동장애 서비스를 제공해야 한다고 말한다면, 이

만큼 비현실적인 이야기도 없을 것입니다. 안타깝게도 현실은 부족한 것들 투성이이며, 많은 부모가 어떤 효과적인 도움도 없이 오랜 시간 아동의 행동문제로 씨름하고 있습니다. (이러한 현실의 모습은 'Section 3 부모님께 드리는 편지'에서 보다 자세히 다루겠습니다.)

이렇게 힘든 시간을 보내면서 가족들은 평소에 늘 상담하는 기관(전문 의료기관일 수도 있지만 일반적인 상담, 문의를 하는 곳일 수도 있습니다.)에 이런 문제를 호소하게 됩니다. 행동변화를 일으키기 위해 약물을 사용하는 것에 대한 이야기가 나올 수 있습니다. 이때 중요한 것은 여기서 말하는 약물이란 병명으로 진단되어서 '치료용'으로 받는 약물, 즉 감염을 막기 위해 항생제를 투여하고, 간질발작을 막기 위해 진정제를 먹는 것과는 다른 의미의 약물이라는 것입니다. 쉽게 말하자면 '정신신경적' 측면의 약물로 어떤 특정한 행동(예 : 환각, 환청)을 변화시키기거나 특정행동을 야기하는 감정(예 : 불안, 우울)에 변화를 주는 수단으로 투여하는 것입니다. 이런 식의 약물에는 의사처방용과 약국에서 쉽게 구할 수 있는 것으로 나누어져 있고, 이런 약물사용 자체에 대한 입장은 매우 우호적인 입장도 있지만 대단히 회의적인 입장도 있습니다. 이 문제의 쟁점은 이러한 약물사용 자체에 대한 입장이 아닙니다. 이와 같은 약물의 정당성에 대한 논의도 핵심에서 벗어난 문제입니다. 가장 핵심은 의사가 제안한 약물을 우리 자녀에게 투여할 것인가 말 것인가입니다. 어느 가족도 자녀에게 약을 먹이는 것에 대해 선뜻 앞장서지 않습니다. 하지만 앞에서 말했듯이, 좀처럼 개선의 여지가 없는 심각한 행동장애로 가족이 고통을 받고 있다면, 다른 방식의 해결책이 존재하지 않는데 가족들이 계속 그 행동을 참아야 한다면, 대다수의 가족이 마지노선으로 약물요법을 선택합니다. 약물에 대해 기본적으로 거부하는 입장을 취하는 가정에서도요. 이 논의는 이와 같은 극단적인 선택의 상황에 놓인 가족들이 좀 더 좋은 결정을 하도록 돕는 데 있습니다.

1. 어떻게 약물치료를 제안받게 되었습니까? 문제가 되는 행동에 대한 전문가의 입장은 어떻습니까? 무엇에 근거해서 이 문제에 대한 해결책으로 약물치료를 권하고 있습니까? 전문가의 입장에 당신은 동의하십니까? 아동의 문제행동에 대해 이 약물의 효과성이 입증되었습니까?

2. 약물치료가 상당히 효과적이라고 한다면, 구체적으로 어떤 긍정적인 변화가 일어날 것으로 기대하십니까? 구체적으로 어떤 행동변화가 일어날지에 대해 아는 것이 중요합니다. 행동징후의 빈도수가 낮아지는지, 행동징후의 강도가 약해지는지, 좀 더 긍정적으로 변하는지, 사회성/협동성이 좋아지는지 등 긍정적인 변화에는 여러 가지가 있

으며, 우리 아이의 경우 어떤 긍정적 변화가 구체적으로 가능한가에 대해 부모님이 아셔야 합니다. 이에 대해 인지하신 후 의료시스템을 통해서 이런 요소들을 모니터하신다면 나중에 약물과 관련된 결정을 하셔야 할 때 매우 유용할 것입니다. 이때 객관성을 유지하는 것이 중요한데, 특정 행동에 대한 뚜렷한 변화를 눈으로 확인할 수 있어야 하며, "나아진 것처럼 보여요."와 같은 짐작에 기반을 두고 결정하는 것을 지양하셔야 합니다. 따라서 아동의 행동을 모니터링할 때, 차트/일지 정리, 정기적으로 동영상 찍기, 점수표 사용 등 고르실 수 있는 옵션은 충분히 많고, 전문가들이 이미 준비한 모니터링 방법이 있거나 각 개인의 사정에 맞도록 제시해 줄 수 있습니다. 가장 중요한 것은 약물투여 이전부터 모니터링을 시작하셔야 이것을 기준으로 약물에 어떤 효과가 있는지를 비교할 수 있다는 것입니다.

3. 제안받은 약물에 대해 이미 알려진 부작용에는 어떤 것이 있습니까? 일어날 수 있는 부작용과 그 가능성에 대해 미리 인지하신 후 결정을 하실 필요가 있습니다. 처방전을 쓰는 전문과와 꼭 상담을 하셔서 부작용에 대해 충분히 미리 아셔야 합니다. 제약회사에서 제공하는 자료에 의존하는 것으로는 부족합니다. 부작용에 대한 숙지는 부작용이 일어나고 있는지 아닌지를 체크하는 것부터 만약

부작용이 발생하면 어떻게 대처해야 하는가에 대해서 알고 있는 것까지 모두 포함합니다.

4. 언제 어떻게 약물을 중단할 수 있습니까? 약물치료에 대한 고민을 시작하면서 동시에 어떤 효과를 보고 나면 이 치료를 중단할 것인가에 대해 생각해 보셔야 합니다. 동시에 약물치료가 별로 효과적이지 않을 때 어떤 기준으로 이 치료를 그만둘 것인가에 대해 미리 생각해 보는 것도 중요합니다. 이러한 기준은 행동변화의 크기뿐만 아니라 행동변화가 얼마나 오래 지속되는가를 포함해야 합니다. 이는 정말 중요합니다. 왜냐하면 일단 약물치료를 시작하고 나면 과연 이것이 긍정적 변화를 보이는가에 대해 그 누구도 심각하게 고려하지 않은 채로 약물치료를 지속하는 경우가 다반사이기 때문입니다. 어떻게 보면 어떤 의미로 모두가 함께 약물에 의존하고 있다고 볼 수 있지요. 딱히 눈에 보이는 효과가 없음에도 불구하고 약물치료를 중단할 결정을 내리지 않게 되니까요. 이는 일종의 자기만족 암시라고 할 수도 있는데, 이런 방식으로 약물에 계속 의존하게 되면 약물을 그만두기 더욱 어려워지고 따라서 중단하려는 시도가 있으면 오히려 행동징후가 더 눈에 띄는 등의 부작용이 따르기 쉽기 때문입니다.

약물중단에 대한 이러한 점은 2번과 3번에서 말씀드린 정확한 모니터링의 중요성을 한 번 더 실감하게 합니다. 약물의 효과를 진단할 때 모니터링을 한 자료는 필수적이며 결정을 내리는 데 중요한 증거가 됩니다. "저희가 보기엔 이런 게 도움이 될 수 있을 것 같아요."라는 식으로 약물치료를 계속할지, 약물의 양을 늘릴지, 아니면 중단할지를 결정해서는 안 됩니다. 이러한 '촉'에 의존한 결정은 적절하게 결정을 내리는 방식이 절대 아닙니다.

행동징후 때문에 약물치료를 결정하는 것은 가족이 해야 할 가장 어렵고 마음 아픈 결정 중 하나입니다. 누가 아이에게 약을 먹이고 싶어 하겠습니까? 하지만 필요할 때가 있고, 가족을 구하는 결정이 되기도 합니다. 여기서 중요한 것은 그 특별한 가족 구성원을 위해서 가족들이 함께 최상의 선택을 하는 것입니다. 영국과 미국의 전문 의료집단에서는 '정신신경적' 이유로 약물을 복용하는 것에 대해 매우 명확한 가이드라인을 제시하고 있으며, 발달장애에 대해 처방을 내릴 수 있는 전문가에 의해서만 약물치료를 할 수 있다는 점을 말씀드리고 싶습니다. 부모님이 직접 이 결정에 관여하고 싶으실 수도 있겠지만 안타깝게도 이 가이드라인은 약물처방전에 대해서 매우 제한된 접근만을 허용하고 있습니다.

마지막으로 다음은 부모님들이 곧잘 당하거나 잘 대응해야 할 의견, 문구, 조항으로 미리 예방하시는 데 도움이 되길 바랍니다.

- 주의사항 1 : 의료적 서비스란 약물투여 없이는 아동이 통제가 되지 않음을 일컫습니다.

이와 같은 협박은 매우 부적절하며 당신은 다른 기관을 찾아야 합니다.

- 주의사항 2 : 변화가 보이지 않으므로 처방 전문가는 약물의 양을 늘리거나 바꿀 것을 권합니다.

약물의 양을 늘린다는 문구를 간과하지 마십시오. 먼저 우리가 앞에서 다룬 네 가지 중점사항을 중심으로 다시 생각해 보시고 지금 어느 지점에 와 있는지 판단하셔야 합니다. 다음과 같이 생각해 보세요. '지금 최대 투여량까지 늘리겠다는 것인가? 만약 이 시도로도 변화가 보이지 않으면 여기에 대해서 어떤 논의가 이루어질 것인가? 어느 시점에서 이 약물이 효과적이지 않은가를 결정할 것인가?(94쪽 4번 '언제 어떻게 약물을 중단할 수 있습니까?'를 참조하시기 바랍니다.)

- 주의사항 3 : 이 아동의 경우 뇌의 생화학적 불균형을 맞추는 데 효과적이므로 약물투여를 계속하는 것이 훨씬 좋습니다.

이는 사이비 과학, 즉 지어낸 말입니다. 뇌의 기능에 대해 이

전보다 오늘날 훨씬 더 많이 알고 있기는 하지만, 사실 알려지지 않은 부분이 훨씬 더 많습니다. 향정신성 약물(psychotropic medication)이라고 불리는 것 중 대다수가 우연한 심리적 효과를 가져오거나(원래 투여목적과 다를 때가 많습니다.) 이런 우연한 효과에 의존하는 경우가 있습니다. 뇌의 화학적 작용을 통해 행동적, 심리적 변화를 가져온다는 입증에 전혀 기반을 두고 있지 않습니다. '뇌의 화학전 불균형을 맞추다'라는 말은 의학적 지식이 있는 '척' 하는 쇼일 뿐 전혀 의학적이지 않습니다. 분명히 말씀드릴 수 있는 것은 누군가가 향정신적 약물을 장기간 복용하고 있다고 하면 그것을 중단하는 것은 매우 어려운 일이며 대부분의 서비스 기관은 약물중단을 위한 프로그램을 가지고 있지 않다는 것입니다. 먼저 언급하였듯이, 한 번 약물투여를 시작하면 쉽게 끊지 못하고 장기간 복용하게 되는 게 바로 이러한 점 때문이기도 합니다. 약물중단에 대한 기준을 충분한 논의를 통해 정하셔서(4번 참조) 가장 효과적일 확률은 높이되, 장기적인 부정적 결과를 피할 수 있기를 바랍니다.

이미 여러 번 말씀드렸다시피 행동변화를 위해 약물을 사용하는 것 자체가 민감한 사항이고, 원론적인 입장(예 : 약먹는 것 자체가 나쁘다/좋다)을 먼저 생각하게 합니다. 하지만 많은 가족들에게 이 문제는 원론적 논의나 개인의 철학적 입장에 관한 것이 아니라 매우 현실적인 문제이며 가족이 붕괴되지 않고 함께 싸워 나가기 위함과 직결됩니다. 가족에게 초점을 맞춘 양질의 행동문제 서비스가 있어서 함께 논의할 수 있으면 정말 유용할 것 같으나, 현실적으로 말씀드리면 여러분이 어려운 결정을 해야만 하는 시점이 올 것입니다. 각 가정이 처한 상황에서 가장 좋은 결정을 내리는 데 이 책이 유용하게 쓰이기를 바랄 뿐입니다.

부모님께
드리는
편지

Section 3

부모님께 드리는 편지

자폐스펙트럼장애를 가진 아동과 청년들이 보이는
행동문제에 대한 생각

이 편지들은 여러 가정들과 실제 나눈 대화 중 중요한 내용들을 선별한 것으로, 각 가정이 어떤 역할을 하여 자녀의 행동문제로 인한 상황을 개선시킬 수 있을까에 대해 함께 노력한 내용을 담았습니다. 제가 담당자로 일하는 기관에 자녀가 꽤 오랫동안 다니면서 인연이 된 가족도 있고, 아동의 다른 삶의 부분에 대해 전혀 모른 채 이메일을 받아 시작된 경우도 있습니다. 실제 얼굴을 보고 대화하기도 하고 이메일, 전화와 같은 방법이나 혹은 이런 방법들을 총동원해서 연락을 했습니다. 어떨 때는 짧은 기간 동안 여러 번의 대화가 오가기도 하고, 뜨문뜨문 혹은 몇 년 만에 연락이 오기도 했습니다.

가정이 심각한 상황에 놓였다고 판단할 때 부모님들로부터 연락이 옵니다. 종종 부모님들은 전문가의 도움이 전혀 없이 이런 상황을 해결해야 할 때도 있어 보였습니다. 이 편지들에 담긴 내용은 한 인간이 문제상황에서 어떤 심리상태를 경험하고 어떻게 받아들이는지, 이런 과정이 어떤 실질적인 해결방법으로 이어지는지를 보여줄 것입니다. 읽으시면서 각 가정에서 겪고 있는 어려운 점들을 개선시켜 나가는 데 유용한 팁을 얻으시기를 바랍니다. 이 대화는 그런 도움을 드리고자 하는 목적을 띠고 있지만 이 편지들이 제대로 된 전문적 지원을 대신할 수는 없다는 것을 상기시켜 드립니다. 명민하게 상황을 대처하고자 하는 가정에도 해결하기 힘든 심각한 어려움은 존재하고, 어떻게 이 문제들을 풀어 나가야 할지에 대해 살고 있는 지역에서 유용한 지원을 받고 있지 못한다는 게 개인적으로 안타깝습니다.

여기에 등장하는 인물들은 모두 실존 인물입니다. 다만 개인정보가 드러나는 구체적인 내용은 수정되었습니다. 각 가족들에게 이 책에 대한 동의를 받았음을 미리 말씀드립니다.

사례 1. 샤를린(강박)

샤를린은 자폐 증후군과 전반적인 중증 학습장애를 가진 10대 소녀입니다. 샤를린을 통해 우리가 살펴볼 내용은 '강박'입니다. 샤를린의 강박증은 생활 환경 전반적으로 고루(예 : 집, 학교, 사회) 나타나며 본인뿐만 아니라 주변 사람들 모두를 힘들게 합니다. 샤를린의 강박에 대한 구체적인 내용은 아래 저의 편지에 잘 드러납니다.

샤를린 어머니께

샤를린과 연락하게 해주셔서 고맙습니다. '강박' 이 샤를린의 삶을 그렇게 많이 지배한다는 이야기를 들으니 걱정이 됩니다. 가족들한테도 틀림없이 영향이 갈 텐데, 함께 밖에 나가는 것이 참 힘들 것입니다. 학교에서 샤를린을 집으로 보내는 횟수가 늘어 어머니와의 상담이 필요하다는 걸 보니 강박이 샤를린의 학업에도 방해가 되고 있네요. 무엇보다도 위탁보호시설에서 샤를린을 일대일로 담당할 사람 없이는 더 이상 맡아 줄 수 없다고 나옵니다. 샤를린의 행동반경에 제약이 더 늘어날 것으로 보아 어머니께도 그리고 샤를린 본인에게도 이제 어려운 일들이 더 늘어날 것 같습니다.

이 문제에 대해 상의해야 할 것이 너무 많아서 일단 제가 샤를린의 학교를 방문했고, 저희 논의에 대한 대략적 내용은 이렇습니다.

• 샤를린은 이제 15세로, 중증 학습장애를 동반한 자폐 증

후군 진단을 받았습니다.

- 감각적 세계와 감각적 경험에 항상 큰 호기심을 보였습니다.
- 달리기, 점프하기, 올라가기, 자전거 타기 등 매우 활동적인 신체적 활동을 즐깁니다.
- 시각적 정보를 통해 학습하기를 선호하며 따라서 관찰과 시청을 통한 학습이 가능합니다. 반면 직접적인 지시와 통제에 따르는 것을 어려워합니다.
- 정리정돈에 능숙합니다.
- 자신만의 습관과 방식이 두드러집니다. (저도 그래요, 어머니!) 사물에 대한 자신만의 규칙을 손쉽게 정해서 그것을 매우 까다롭게 지킵니다. 반면 원래는 능숙한 일도 다른 방식으로 하는 것을 받아들이기 힘들어합니다.
- 재미난 구석이 많습니다. 특히 다른 사람에게 장난치는 것(예 : 발 걸기, 코믹하게 물건 떨어뜨리기 등)을 좋아합니다.

지난 한 해 동안 관찰된 변화는 샤를린이 점점 더 자신의 강박증에 빠져든다는 점입니다. 특정 물건에 침을 뱉고 다시 닦으면서 마치 그 물건을 깨끗하게 하는 것처럼 하고, 아무 컵이나 병, 캔을 보이는 대로 수집하여 씻은 후 다른 곳에 놓곤 합니다. 특히 사람이 마시고 있는 컵을 샤를린이 가져가면 사람들은 눈살을 찌푸리죠. 샤를린은 밖에 나가면 순식간에 어디론가 사라지는데, 위험에 대한 지각이 많이 떨어지는 것 같습니다. 또한 요즘 집에서나 학교에서나 씻어서 정리하는 행동에 꽂혀 있습니다. 방해받거나 다시 지시를 받는 것을 점점 더 거부하고, 어떤 때는 통제를 하려는 어른을 밀거나 때리거나 차기도 하는데, 항상 그런 것은 아니고 통제에 따를 때도 있습니다. 저희는 이런 상황을 좀 더 개선적인 방향으로 바꿀 전략이 분명 필요하다고 보고 있습니다.

강박증이라는 용어는 자폐에 있어서 종종 등장하는 단어인데요, 적어도 다음과 같은 세 가지의 현상을 일컫습니다.

1. **강박과 충동** 반복적으로 강박과 강박행동을 하는 경향을 보입니다. 종종 기분이 팍 가라앉습니다. 행동을 하고 나서 순간적인 안도를 하기도 하지만 강박행동이 기분을 좋게 하는 것 같아 보이지도 않습니다. 중단시키거나 지시를 주면 과한 부정적인 감정을 표출하는데 대개 공격적, 자기 위협적인 행동이나 기물 파손적 행동이 동반됩니다.

2. **강박과 열정** 어떤 행동을 계속하는 것을 좋아합니다. 그 행동을 대체적으로 즐기며 관심도 많고 기쁨을 느끼는 것 같습니다. 대개 체형이 건강하고 삶이 안정적으로 보입니다. 구속, 제한을 받는 것을 좋아하지는 않으나, 제

한이 분명한 지시 아래 자신을 존중하는 분위기에서 충분한 시간이 주어지면, 자신이 좋아하는 행위를 어느 정도 제한된 선에 맞춰서 할 수 있습니다. 이런 종류의 강박은 종종 본인의 인생에 중요하고 건설적인 부분을 담당하는 열쇠가 되기도 합니다.

3. **2번의 발전** 2번의 모습이 '중독'으로 발전할 때를 일컫습니다. 어떤 행동을 좋아하지만, 만족하지 못합니다. 이 행동을 놓지 못합니다. 강박의 반경이 점점 더 넓어지면서 방해받거나 재지시를 받는 것을 더 싫어하고, 종종 심각한 행동적 징후(특히 신체적 공격성)를 보여 다른 사람들이 방해하지 못하게 위협을 합니다.

우리가 가진 샤를린에 대한 정보로 미루어 볼 때, 샤를린의 경우 3번에 해당되는 것으로 여겨집니다. 건설적인 방향으로 나가기 위해 필요한 조치로 쉽게 생각해 볼 수 있는 것이 '알코올 절제' 모델입니다.

• 샤를린의 전반적인 생활 방식에 변화가 필요합니다. 샤를린이 관심을 가지는 것이 무엇인지 알아내서 문제가 되는 행동인 닦기, 정리하기, 사람 치고 도망가기로부터 관심을 돌려야 합니다. 아마도 꽤나 활동성 있는 활동들로 그녀의 일과를 채워야 할 것 같은데요. 요리하기, 신

체적 운동(예 : 장애물 넘기, 릴레이 달리기, 트램펄린, 암벽 타기), 안 해본 어려운 퍼즐, 새로운 예술/만들기 활동, 새로운 악기 배우기, 마술 배우기를 생각해 볼 수 있을 것 같습니다.

- 이어서 샤를린이 닦고 정리하는 행동에 장기간 관심을 보였던 것을 토대로 자신의 나이에 맞는 '알코올 절제' 모델로 발전시켜야 합니다. 평소 일과활동에 대한 점검을 위해 분리수거하기, 정원 가꾸기, 물로 씻거나 닦는 행동에 대해 통제하의 접근하는 것이 바람직하다고 보는데, 자신의 관심사를 접목시킨 직업 훈련으로 이어질 가능성이 크기 때문입니다.

- 매일매일의 일상에서는 컵, 캔, 플라스틱 병, 표면이 더러운 용기와 같이 '강박증'을 야기하는 것들을 어느 정도 차단하는 것이 필요합니다. 완전 차단은 불가능하므로, 어느 정도 제한된 접근만을 허락하는 것이 필요합니다. 이런 변화는 신중하게 이뤄져야 하며, 무엇을 못하게 하느냐가 아닌 어떤 새로운 것이 가능한가에 초점을 맞춰야 하고, 관심을 돌리는 데 유용할 만한 것들(예 : 아이패드, 소형 게임기, 거울, 좋아하는 책, 간식거리)을 활용하는 것도 좋은 방법입니다.

- 동시에 샤를린이 어떤 아이인지, 무엇을 좋아하고 우리가 샤를린의 어떤 점을 좋아하는지, 어떻게 도와줄 수 있

는지에 대한 고찰을 종종 해야 합니다. 샤를린이 세상을 이해하고 배울 수 있는 데 초점을 맞춘 시각적 도움이 가정에 있는가에 대해서도 살펴보아야 합니다.

위와 같은 행동 계획을 발전시킬 때 즉각적인 변화를 기대하기는 어렵습니다. 가족 구성원들과 관련된 사람들의 마음이 맞아야 하고 함께 변화를 만들어 가야 하는데, 이는 어쩌면 샤를린이 극복해야 할 문제보다 더 어려운 것일 수도 있습니다. 서로 함께 노력할 수 있다면 아마 몇 달 후에 변화가 일어나는 모습을 볼 수 있을 것입니다. 하지만 그 반대의 경우 우리는 계속 샤를린의 삶에 제한을 가하면서 샤를린을 소외시킨 채 샤를린과 싸우는 셈이 되는데, 이 경우 샤를린의 '중독' 적 행위가 '강박' 적 행위로 발전해 삶의 조화 자체가 무너질 것이 걱정됩니다. 그렇게 되기에 충분하게 샤를린은 많은 특별함을 타고났으니까요.

제가 하는 말이 이해가 쉽고 어느 정도 도움이 되셨기를 바랍니다. 이 아이디어들이 변화를 시작하는 데 도움이 되길 바라고 또 어머니께도 아이디어들이 많을 것이라고 생각됩니다. 절충하셔서 좋은 변화를 만드시고, 저에게도 알려 주세요. 대화를 이어 나갑시다.

최근 상황

완전히 나빠지지는 않았습니다. 위 편지에서 암시하듯이 관련된 사람들이 다 함께 같은 방향으로 변화를 만들어 가고 같은 생각으로 일상생활에 변화를 주는 데 어려움이 있었습니다. 샤를린의 가족은 현재 다른 보호시설을 알아보고 있습니다.

사례 2. 마커스(신체적 폭력성)

마커스는 언어구사력이 탁월한 초등학생 연령의 아동으로 아래와 같은 여러 진단을 받았습니다. 자기 방식대로 고집하려는 성격이 원래 강한 편이지만, 요즘 들어 집에서 심각하다고 여길 정도의 폭력성을 보이기 시작했고 학교에서도 다르지 않은 것으로 보입니다.

마커스 어머니께

연락이 다시 된 것은 참 반가운 일입니다만, 마커스가 집에서 보이는 폭력성의 빈도수와 레벨이 증가한 것은 걱정스럽네요. 아홉 살 아들이 엄마를 때리고 차고 물면 부모로서 충분히 충격을 받을 수 있는데, 이 모든 상황에 어머니가 놓여 있다는 게 마음이 안쓰럽습니다. 이 상황을 이해하고 해

결하는 방향을 함께 찾아보도록 합시다.

저희가 알고 있는 것을 먼저 종합해 보자면,

- 마커스는 현재 만 아홉 살이고 중증의 자폐, 주의력결핍 장애(ADHD), 아스퍼거 증후군의 진단을 받았습니다.
- 마커스는 줄곧 제멋대로이고 자기 방식만을 고집하며 자기가 하고 싶은 것만 하고 그 외의 것은 완강하게 거부합니다.
- 스릴을 즐기고 기어오르는 것을 좋아하며 자전거로 돌진하여 물건을 부수거나 무서운 놀이기구를 타는 것을 좋아합니다.
- 자신이 좋아하는 행위(예 : 자전거 타기, 비디오 게임 하기, 레고 모형 만들기)를 할 때는 몇 시간 동안이나 집중이 가능하지만 그 외의 일에는 집중을 잘 못합니다.

자기 식대로 못하게 되면 항상 떼를 쓰곤 했는데, 요즘 들어서 이런 행동이 늘어나고 정도가 도를 지나치며 굉장히 화가 난 듯 보이기도 합니다. 때때로 가족과 학교 친구들에게 언어적 폭력을 하기도 합니다. 칼이나 야구 방망이와 같이 흉기가 될 만한 물건으로 집에서 위협을 가한 적도 한 번 있습니다. 어머니의 묘사에 의하면 마커스는 완전 난봉꾼이 되어서 집안을 난장판으로 만드는 것으로 보입니다. 또한 자신에 대해 부정적인 모습을 보이며 자기가 만든 것을 스스로 망가뜨리고 칭찬을 받으면 오히려 화를 내고 종종 자신의 '멍청한 자폐 뇌' 라고 일컫는 것이 관찰되는 것으로 보입니다.

이런 경우를 본 적 있었는지 물어보셨지요? 대답은 당연히 '네' 입니다. 아스퍼거 증후군에 대한 논문에서는 별로 보지 못하지만, 제 임상경험에 의하면 이런 경우는 적지 않습니다.

마커스의 이런 행동을 이해하기 위해서는 먼저 마커스가 어떤 아이인지(어떤 인격의 사람인지) 또 상태가 어떠한지를 아는 것이 중요합니다. 마커스는 높은 자기통제적인 경향을 보이며 앞으로도 그럴 확률이 높은데, 이는 어떤 식으로든 나쁜 것이 아니며, 사실 어른이 되어서는 이로운 점이 있습니다. 하지만 이런 성격은 매우 부정적이고 파괴적인 쪽으로 방향을 틀기도 하는데, 마커스가 지금 이런 경우인 것 같습니다. 마커스가 이런 성향을 보이게 된 징후로 어머니가 두 가지 정도 짐작하신 것 같습니다. 먼저 학교에서 반과 담임 선생님이 바뀌었는데, 지난 2년 동안 마커스는 같은 선생님과 매우 잘 지냈었죠. 거의 같은 시기에 마커스의 누나가 매우 좋은 공립 중학교에 장학생으로 입학하게 되었습니다.

이런 정보들을 종합해 봤을 때, 제 소견으로는 마커스만의 고유한 삶의 균형이 깨진 것 같아 보입니다. 부정적 생각과 감정들이 가득하고, 특히 매우 사소한 것에도 폭발하기 직전에 이르게 하는 화가 내재되어 있는 것 같습니다. 이와 같은 신체적 행동뿐만 아니라 자기 자신과 자신이 처한 상황에 대한 매우 부정적인 시각을 가지기 시작한 것 같은데, 희망이 전혀 보이지 않고 어떤 도움도 먹히지 않을 거라는 생각입니다. 이는 자기 통제적 성격의 사람에게는 매우 걱정되는 증후입니다. 마커스는 지금 맨홀에 빠져 있다고 볼 수 있는데 어떻게 하면 마커스를 꺼낼 수 있을지 함께 생각해 보도록 합시다. 다음과 같은 것을 생각해 볼 수 있습니다.

- 기분을 전환시킬 수 있는 새로운 일상 활동을 접하게 합니다. 좀 더 활동적인 활동을 하게 해주시고, 더 자주 웃게 할 만한 활동(개그와 관련된 책도 도움이 될 것 같네요.), 미용실, 손발 관리와 같이 대우 받는다고 느낄 만한 것, 만약 마사지 치료사나 뇌/척추 전문 마사지를 받을 수 있는 곳이 근처에 있으면 한 번 방문해 보는 것도 좋을 것 같습니다. 마커스가 소위 '불안한 상태' 에 이르는 때인 등교 전이나 하교 후에는 대화하는 것을 줄이도록 하세요. 대화 대신 잠깐 동안 숨 돌리는 의미로 음악이나 간식이 효과적입니다.
- 마커스가 다니고 있는 정신건강센터에서 현재 심리치료

대기자로 있는 것을 확인하였습니다. 그 치료도 물론 효과적이나 전문성을 조금 덜 요구하는 치료방법도 충분한 변화를 줄 수 있을 것 같습니다. 마커스의 선생님이나 부모님 외의 젊은 사람이 마커스의 삶에 들어오는 것도 좋은 변화일 것 같습니다. 마커스가 함께 어울리며 이것저것 해보고, 마커스의 이야기를 들어줄 수 있는 사람이면 좋을 것 같습니다. 혹시 지역사회의 친구되기 프로그램이라던가, 먼 친척 중 누군가, 혹은 학교의 상담케어 시스템을 통한 방법을 동원하는 것도 좋을 것 같습니다. 이렇게 형성되는 관계는 1차적으로 가까운 관계(부모님, 선생님)에서 오는 압박감에서 자유롭다는 이점이 있습니다. 따라서 마커스에게 좀 더 자유롭게 자신을 드러내는 시간을 가지게 할 수 있고 마커스는 부담 없이 자신의 이야기를 털어놓을 수 있다는 이점이 있습니다.

- 어떻게 하면 마커스가 스스로 가치 있는 사람이라고 더 강하게 인식할 수 있는지 같이 생각해 보아야 합니다. (제가 자아존중감이라는 큰 단어를 안 쓰려고 노력하는 거 보이시죠?) 어떻게 보면 부모님, 학교, 우리 모두가 함께 노력해야 하는 부분이기도 합니다. 마커스의 어떤 점을 우리가 진심으로 특별히 여기는지 곰곰이 생각해 보고 이런 점들을 마커스와 어떻게 공유할지에 대해서 조심스럽게 함께 생각해 보아야 합니다. 반복적으로 긍정

적인 피드백을 주는 방식(마커스는 정말 똑똑하구나. 누구도 그렇게 레고를 만들지는 못할 걸?)을 개인적으로 크게 선호하지는 않습니다. 왜냐하면 제 기억에 그런 방법이 종종 마커스의 신경을 거슬리게 해서 끝나지 않을 것 같은 언쟁을 하는데 진을 빼곤 했기 때문입니다. 오히려 마커스 스스로가 뭔가 해낸 기분을 경험할 수 있게 해주고 싶습니다. 마커스가 자신의 장기를 뽐낼 수 있는 커뮤니티나 기회가 있을까요? 아니면 집안일 중에서 마커스가 맡아서 할 수 있는 일이나 마커스가 자발적으로 무언가를 할 기회(예 : 아기들에게 책을 읽어 주거나 지역 동물보호센터 일을 돕는 일 등)가 있을까요? 가치 있는 일을 직접 해보는 게 가치 있다는 말을 듣는 것보다 더 중요합니다. 칭찬을 하지 말라는 말은 절대 아닙니다. 다만 그 이상이 필요하다는 말씀을 드리는 겁니다.

위와 같은 개입이 마커스의 자존감을 높이는 데 도움이 될 것입니다. 마커스의 행동문제가 지금 고조되어 있으니, 이를 어떻게 관리, 대처할 것인가에 대해 이야기해 볼 차례입니다.

- '우리 집 규칙사항'을 적은 벽보나 포스터를 집에 붙여서 우리 집 안에서 폭력에 대한 규칙들을 적어 놓으세요. 마치 화재발생 시 대피요령을 벽에 붙여 놓듯이 폭력적

인 행동이 일어날 때 따를 수 있는 비상지침서가 되게
해야 합니다. 세부적인 지시사항에 대해서는 어머니 본
인이 현실적으로 생각해 보셔야 하는데, 어떻게 행동문
제가 발현하는지, 그런 상황을 통제하기 위해 어머니께
서 쉽게 활용할 수 있는 것이 무엇이 있는지, 집에 사실
상 어떤 제약이 있는지, 집에 또 누가 있는지를 고려하셔
야 합니다. 중요한 것은 어머니께서 이 지침을 따르시
되, 지침들이 실현 가능한 것(물론 쉽지 않겠지만요!)이
어야 한다는 점입니다. 이런 것들을 적어 놓는 것이 어머
니 본인뿐만 아니라 마커스에게도 마음의 위안이 될 것
입니다. 실제 상황에서 염려되는 점들을 감안하셔서 어
머니께서 최대한 침착하게 대응하시는 게 중요합니다.
어떻게 행동할지에 대한 계획이 있다는 것은 어머니와
마커스 모두가 그 상황에 대처하는 데 도움이 됩니다. 하
지만 어머니 스스로가 혈압이 오르거나 이 상황을 감지
하지 못하는 사람들과 함께 있는 경우는 매우 난감할 수
있습니다. 그럴 경우 상황은 순식간에 나빠지고 금방 통
제를 잃을 수 있습니다. 가정에서 그런 상황이 발생하면
어머니께서 직접 마커스를 통제하셔야 하는데, 마커스
를 붙잡고 있거나 다른 곳으로 데려가셔야 하며, 어머니
본인이 위기상황 통제와 관련된 프로그램을 반드시 들
으셔야 합니다. 참고로 이는 대부분의 특수학교에서 교

사들에게 가르치는 프로그램이자 이제는 부모님들도 이런 훈련을 받을 수 있도록 확대되고 있습니다. 본인에게 가능한 프로그램이 근처에 있는지 꼭 찾아보세요.

- 관리 계획을 짜실 때 언제 '우리 집 규칙'을 완화하거나 그만둘지는 어머니 손에 달려있다는 것을 명심하세요. "네가 진정되면 이걸 해줄게."와 같은 식으로 마커스와 협상하지 마세요. 마커스가 진정이 되었는지, 집이 안전한 공간인가에 대한 판단의 주체는 어머니셔야 합니다.

- 통제성이 강한 사람들에게 형식을 갖춘 보상 체계가 종종 잘 들어맞지 않습니다. 하지만 마커스가 공격적인 모습을 보이기 시작하면 어떤 긍정적인 보상을 통해 큰 화를 일으키기 전에 마커스가 스스로의 노력에 의해 자신을 컨트롤하게 할 방법은 있습니다. 단, 보상은 일회적이어야 하며 우리가 마커스의 능력과 강점을 인정해 주는 방식이어야 합니다(아래 참고). 자기 절제 능력을 발달시키는 데는 마커스가 분노를 건설적으로 통제할 수 있는 수단과 방법을 꾸준히 습득하는 것이 일단 가장 중요하며 분노표출의 빈도수에 있어서 개선됨이 보이면, 자기절제 능력을 더 발달시킬 수 있는 다음 단계의 방법에 대해 더 심층적인 논의가 필요할 것으로 여겨집니다[이 단계에 중점을 두는 것은 자폐를 가진 청소년들에게서 주로 보이는 숨겨진 결핍(hidden deficit)이라 부르기도

합니다].

- 분노표출의 상황이 종료되면 이 상황에 대한 어머니의 짠한 마음, '오늘따라' 마커스의 컨디션이 별로였고, 그렇게 이성을 잃고 화를 내는 게 얼마나 마커스답지 않고, 마커스 자신에게도 싫은 경험일지에 대한 마음을 어떻게 마커스에게 전할지에 대해 고민해 보세요. 화는 자제하시고요. 전쟁의 서막을 울리는 종이 될 수 있으나 그렇게 하는 것이 어머니 본인이 생각한 '계획'을 따르는 것이면 그렇게 하시되, '말 안 듣는 아이 혼내는 방법'이 되지 않게 하세요. 이와 같이 대처하는 것의 요점은 마커스의 행동 강도를 약화시키고 폭력이 능사라는 공식이 먹히지 않음을 인식시키며 본인의 행동이 원하는 변화를 일으키기에 적합하지 않다는 것을 알게 해줍니다. 동시에 마커스는 자신의 생각과 감정에 대해 고찰해 볼 기회를 더 가지게 되며 자기인식과 자기절제의 힘을 길러 주려는 우리의 계획에 긍정적인 기여를 하게 되는 셈이 됩니다.

제가 드릴 수 있는 조언은 여기까지입니다. 마커스를 좀 더 지켜보고 무엇이 적합할지에 대해 우리가 함께 다음 계획을 세울 시기가 올 때까지 좀 더 생각해 봅시다. 저에게 경과를 알려 주세요.

최근 상황

위에 논의된 내용들을 실천으로 옮기려고 마커스의 가족은 부단한 노력을 하였고 집에서 개선된 모습을 어느 정도 볼 수 있었습니다. 하지만 마커스와 직접적으로 관련된 것은 아니나 학교차원에서 문제가 계속 있었고 결국 전학을 권유받았습니다. 이러한 급격한 변화는 마커스가 부적절한 감정표현 자제를 훈련하는 데 어쩔 수 없는 지연을 초래합니다.

사례 3. 타이론(언어 폭력, 신체적 폭력성, 물건 부수기)

타이론은 언어적 표현력이 좋은 아동이지만, 통제와 관련되어서 큰 골칫덩이가 되고 있습니다. 타이론이 보여주는 통제와 관련된 사례는 많은 심각한 행동문제로 이어지는 태도에도 불구하고 기존연구도 많지 않고 잘 회자되지 않기 때문에 사실상 진짜 염려가 되는 케이스이기도 합니다.

다른 케이스를 다룰 때는 제가 쓴 편지를 위주로 배경설명을 하였는데, 타이론의 경우 타이론의 가족이 이미 제게 많은 분량의 서류를 보내 주셨기 때문에 이를 바탕으로 배경설명을 먼저 하도록 하겠습니다.

배경정보

타이론은 이제 일곱 살이 되었고 엄마, 아빠, 두 여동생, 강아지와 함께 살고 있습니다. 타이론이 태어나서부터 지금까지 부모님에게는 쉬운 날이 하루도 없었는데, 타이론은 부정적인 감정에 쉽게 휩쓸리고 매우 까다롭고 쉽게 마음을 진정시키지 못하며 말을 잘 듣는 것과는 거리가 멀기 때문입니다. 자라면서 다른 아이들과 관계를 맺는 데 어려움을 보였고 타인이 타이론에게 무엇을 원하는지를 잘 이해하지 못하며 에너지가 넘쳐흐르지만 자기만의 것만 좋아하는 것 같아 보였습니다. 타이론은 여섯 살이 되면서 다른 아이들과 충분히 다른 모습을 보였고 주의력결핍장애와 아스퍼거 증후군이라는 꼬리표 진단을 받게 되었습니다.

타이론의 부모님은 어떻게 가족생활을 타이론과 함께 꾸려 나가야 하는가에 대해 충분히 진이 빠져서 쩔쩔매는 상태가 되어 제게 연락을 취했습니다. 타이론은 매우 까다로웠는데 엄마에게는 더더욱 까다롭게 굴었으며 엄마가 하는 모든 일에 자기의 의사를 표현하고 자기 식대로 엄마가 해주길 원했으며 엄마가 전화를 하려 하거나 다른 아이들과 뭔가를 하거나 아빠와 시간을 보내려 하면 그렇게 하지 못하게 하였습니다. 자기가 원하는 대로 되지 않으면 엄마에게 언어폭력을 행사하고 물건을 던지고 어떨 때는 엄마 얼굴에 손을 대기도 하였습니다. 이 때문에 어머니가 느낀 감정은 가정

폭력 피해자의 감정 상태와 비슷했습니다. 타이론은 가족생활의 다른 부분에 있어서도 매우 군주적인 태도를 보였는데, 여동생들과 강아지에게도 자기가 보스인양 힘을 행사했습니다. 학교에서는 별로 문제를 일으키지 않았으며 학교 측은 타이론이 그럭저럭 잘 지낸다는 분명한 입장을 취하였고 집에서 타이론이 문제를 일으킨다면 그것은 사실상 부모님의 양육태도가 문제라고까지 하였습니다.

다른 방면에서 보면 타이론은 굉장히 똑똑한 아이로 컴퓨터와 전화 관련 테크놀로지의 달인입니다. 자신의 능력을 뽐내는 일이라면 돕는 것도 마다하지 않습니다. 또래 친구들과 친해지는 데 어려움을 보이지만 자신이 주도적으로 할 수 있는 일에 있어서 자기보다 어린 동생들과는 무난히 어울릴 수 있으며 형 혹은 누나나 어른과 같이 자기와 대등하다고 여겨지는 사람과도 그럭저럭 지냅니다.

타이론은 완벽주의자입니다. 뭐든 제대로 할 때 기쁨을 느끼는 반면 실수를 하거나 수가 틀리면 멘붕에 빠집니다. 완벽주의적 성향에서 벗어나는 모습 때문에 이렇게 충격에 빠지면 감당하기 어려워지며 가족에게 스트레스 원인이 되기도 합니다.

타이론의 이와 같은 모습 때문에 타이론의 부모님은 가족이 붕괴되고 있다는 생각까지 드셨습니다. 그분들은 배울 만큼 배운 분들로 권고받은 지시사항은 다 해봐서 더 시도해 볼 것도 남지 않은 상태였는데 반해 타이론의 통제성향은 가족의 삶 구석구석까지로 확대

되고 있었습니다. 바로 이때 저와 부모님의 논의가 시작되었습니다.

타이론 부모님께

연락 주셔서 감사합니다. 부모님의 절박한 심정을 잘 알고 있습니다. 이런 통제와 관련된 문제들은 저희 쪽에서는 꽤 알려졌음에도 불구하고 연구가 거의 이루어지지 않은 문제이기도 합니다. 통제문제가 가족에게 미치는 영향은 두 분께서도 경험하셨다시피 매우, 정말 매우 심각합니다. 별로 도움이 되는 말씀이 아닐지 모르겠으나 이런 사례에 있어서 고생하는 다른 부모님들도 있다는 점과 이것은 부모님의 양육문제에서 비롯되는 것이 아님을 먼저 말씀드리고 싶습니다. 고집이 센 아이를 양육하는 것은 어느 부모에게도 쉬운 일이 아닙니다. 이렇게 통제성이 강한 아이들은 다양한 진단 꼬리표를 부여받기 쉽고, 자폐아의 경우에서 이런 모습을 적지 않게 봅니다만, 자폐가 아닌 또 다른 문제를 경험하는 아이들의 경우에서도 또한 나타납니다.

먼저 전반적인 것부터 짚고 세부적인 논의를 하도록 하겠습니다. 먼저 고집이 센 것, 즉 통제성이 강한 것 자체는 문제가 아니며, 이런 성향이 곧 문제를 일으키는 것도 아니라는 점을 짚고 가도록 합시다. 사실 어른이 된 후에 이런 성향은 오히려 많은 장점이 되기도 합니다. 부모님에게는 꽤나 큰 걱정거리임이 분명하고 나중에 교육 관련 문제에 있어서도 그러할 것입니다만, 전 세계의 성공한 사람들 중 다수가 함께 겪는 문제이기도 합니다. 이런 사람들에게 쓰는 수식어는 많은데 리더, 투지가 있음, 결단력 있음, 영감을 줌, 천재적임, 끈질김이 대표적입니다. 우리가 부모로서 해야 할 것은 이런 힘든 여정 가운데 지혜롭게 대처하여 가족 전체와 아동 자신에게 화를 입히지 않고 현실적인 범위 내에서 아이에게 밝은 미래를 열어 주는 일일 것 같습니다.

조금 더 구체적으로 들어가 봅시다. 타이론의 어머니께서 타이론의 전반적인 지적수준과 사회정서적 미성숙한 정도에서 차이가 나는 것을 지적하셨는데, 제대로 보셨습니다. 타이론이 어떨 때는 10대 청소년 같고, 어떨 때는 일곱 살 어린이, 어떨 때는 두 살배기 아기같이 행동할 거고, 몇 살의 모습이든 어머님은 부모 역할을 하셔야 할 테니 얼마나 힘드셨을지 짐작이 갑니다. 지금 내 앞에 있는 타이론이 몇 살짜리 모습이고 내가 어떻게 반응해야 할지 생각하셔야 할 테니까요. 굉장히 혼란스러우실 겁니다. 엄마의 전화 통화를 방해하는 것은 딱 어린 아기나 하는 행동인데, 어린 아기는 엄마에게 xx년이라고 욕을 하고 '짜증나. 재수 없어!' 라면서 전화를 끊으라고 고래고래 소리를 지르지는 않으니까요. 이런 언어적인 부분은 그 상황에서 타이론을 두 살배기의 모습 그대로 보는 것을 어렵게 만듭니다. 따라서 이런 때 어머니는 여러 아이를 한꺼번에 상대한다고 생각하셔야 하는데요. 이를 통해 우리가 새로 배우는 점들을 기억해야 합니다. 지금으로서는 다 큰 아이에게서 주로 보이는 언어폭력적 부분은 잠시 내려두시되 두 살배기 타이론이 보이는 방해에 굴하지 않고 어머니께서 전화통화를 이어나갈 수 있는 방법에 먼저 초점을 두도록 하세요.

어떻게 타이론이 학교에서는 유순하고 고분고분한데 집에만 오면 대장노릇을 못해 안달인지 아마 의아하실 것입니다. 학교와 집에서의 아동행동의 상이함은 예외적이기보다는 일반적이라고 할 수 있는데요. 항상 일관성을 보이는 성격은 실상 매우 예외적인 인간 특성입니다. 학교와 집에서 아동의 행동이 다른 것은 아동이 어떤 대우를 받는가를 반영한 것일 확률이 매우 높습니다. 부모님은 선생님보다 훨씬 너그럽고 덜 단호할 수 있고 그 반대일 수도 있습니다. 타이론의 경우에도 어머니께서 말씀하지는 않으셨지만 타이론에 대한 안타까운 마음이 있기 때문에 타이론의 변덕과 응석을 다 받아 주시거나 아니면 다른 예외의 경우일 수도 있다는 생각이 듭니다. 아스퍼거 아이들에게 흔히 학교는 매우 스트레스를 주는 곳입니다. 학교생활에 적응하기 위해 너무 많은 에너지를 써서 아스퍼거적 특징이 노출되지 않게 하는 아이들도 더러 있습니다. 이런 것은 표면적으로 드러나지 않더라도 어마어마한 스트레스이고, 학교에서 집으로 돌아와 집 문턱을 넘는 순간 곧 긴장이 갑자기

완화되기 쉽습니다. 어떤 아이들은 말이 없어지고 집안 어두컴컴한 공간을 선호하며, 어떤 아이들은 아주 작은 자극에도 완전히 무너지며, 또 어떤 아이들은 엄마의 신경에 거슬릴 짓을 고의로 해서 엄마가 "안 돼!"라고 말하는 상황을 만들어 놓고 되려 온갖 짜증을 내고 화를 내기도 합니다.

타이론이 행동적으로 표출하는 모습 이면에 있을 좀 덜 명확한 문제에 대해서도 우리는 생각해 보아야 합니다. 이런 강하고 고집스럽고 까다롭고 대장노릇을 하려 드는 아이의 이면에는 뭘 어떻게 해야 할지 전혀 모르는 겁먹고 화가 난 상태의 어린아이가 있기 때문인데요. 그렇다면 어디서 시작해야 할까요?

어떻게 하면 타이론의 평상시 기분이 좀 더 좋아질까요?

일상생활에서 타이론의 만족도를 높이기 위해 집에서 할 수 있는 일에 무엇이 있는지 생각해 봅시다. 운동을 늘리거나, 목욕 혹은 자기 전에 마사지를 받게 하거나, 더 많이 웃을 수 있게 하는 방법(예 : 유머 관련 서적, 누르면 방귀 소리가 나는 후피 쿠션), 마음을 진정시키는 아로마 향, 즐거운 시간을 가능하게 하는 간식과 같은 것은 어떨까요? 특히 등교 직전이나 하교 직후와 같은 과도기적 시간의 기분 전환을 위한 일상으로 자리 잡게 해줄 수 있을 텐데요. 이때 말을 걸거나 신체적 접촉은 자제하시되 시각적인 의사소통을 늘리시고 위에 제시한 방법들을 사용하셔서 과도기적 시간에 타이론의 기분을 망치는 요소를 줄여 보는 게 어떨까 합니다.

타이론이 스스로를 용서하는 방법을 익히게 학교와도 상의하여 용서하는 방법을 배우게 하셔야 합니다. 타이론에게 좀 더 융통성 있게 자신의 행동을 평가하는 방법을 습득할 수 있게 하셔야 합니다. 현재 타이론은 잘하거나 못 견디거나 둘 중 하나로 자신의 행동을 평가하는 2단계 평가법에 의존하고 있는데, 우리는 타이론이 잘하거나, 그럭저럭 괜찮거나, 못 견디겠는 3단계의 평가법을 터득하게 하여 단계의 수를 점차 늘려 나가야 합니다. 먼저 상대적으로 덜 중요한 것들인 아이스크림, TV 프로그램, 야외놀이, 방과후 활동, 과외 활동과 같은 일상에서부터 시작해서 더 중요한 것들인 학교활동, 집에서의 행동으로 늘려 나가야 할 것입니다. 이와 같은 변화를 유도하는 데 5단계 평가법[1]을 사용한 도움이 되는 서적들이 꽤 있습니다. 시간이 꽤 많이 걸릴 것입니다. 그렇지만 타이론이 살면서 세상과 자신 모두가 완벽해야 한다는 강박에서 벗어나 삶에서 부닥칠 희로애락에 건설적으로 대응할 수 있는 자원이 될 것입니다.

----

1) Buron, K.D. and Curtis, M(2012) *The Incredible 5-point Scale: Assisting and Understanding Social Interactions and Controlling Their Emotional Responses.* Overland Park, KS: Autism Asperger Publishing Company.

어떻게 하면 타이론의 자존감이 높아질까요?

우리부터 바뀔 필요가 있습니다. 현재 타이론은 타인을 지치게 하며 부정적 에너지가 넘칩니다. 한 걸음 뒤로 물러나 생각해 봅시다. "타이론이 잘 하는 게 뭐가 있지?", "우리가 사랑하는 타이론의 모습은 어떤 게 있지?", "타이론만 가지고 있는 장점은?" 이런 연습은 우리가 타이론의 어떤 모습을 좋아하고 인정하고 멋있어하는지 좀 더 진솔하게 이야기해 줄 수 있게 합니다. 좀 더 직설적으로 말씀드리자면, 타이론의 유능함이 발휘되어서 그런 점에 우리가 의지해서 한시름 놓았던 때는 언제인지, 집안일이나 학교에서 할 수 있는 일, 동네에서 할 수 있는 자원봉사와 같이 타이론이 자기 통제 아래 유능함을 발휘하면서 다른 사람들로부터 칭찬도 들을 수 있는 것에는 무엇이 있을까요?

많은 과정을 생략하고도 여러모로 긍정적 변화를 가능하게 하는 프로그램도 있습니다. 타이론이 신경 써야 할 부분 중 하나가 스스로 다른 사람들과 다르다고 느끼고 또래 친구들이 쉽게 하는 사회적 행동(예 : 친구 사귀기) 중 성공한 경험이 없다는 것입니다. 물론 친구를 만들 수 있는 사회성을 키워 주기 위해 우리가 할 수 있는 노력은 다 하되, 그 이상의 것이 필요할 것으로 보입니다. 타이론이 자기보다 나이가 많은 아이들이나 청소년, 대학생 형 누나들과는 꽤 잘 어울리는 것을 활용할 필요가 있습니다. 친구 만들기가 어려울 때 나타나는 문제점 중 하나는 사회적 관계가 통제에 의해 고립되어 있다는 것입니다. 친구에게 거부를 당하면 부모님이나 선생님의 통제 아래로 돌아갈 수밖에 없고 이와 같은 어른과의 관계에는 나름대로의 통제성과 내재된 갈등 가능성이 충분히 많이 있습니다. 인간이란 스스로 기분이 좋아지는 인간관계를 원하는데, 이런 관계는 통제성이 덜 요구되는 대신 서로를 위한 귀를 열어 놓게 되어서 한 번에 여러 문제를 해결할 수 있는 충고도 가능하게 합니다. 이러한 인간관계는 혈연관계(예 : 젊은 삼촌이나 이모, 10대 후반의 사촌)에서도 형성될 수 있고, 학교의 상담센터와 같은 전문적인 인력, 지역센터를 통해 연계된 친구, 코치, 멘토와 같이 의도적으로 연결된 관계에서도 형성될 수 있습니다. 긍정적인 인간관계는 타이론이 다른 사람들과 어울리는 데 즐거움을 느낄 수 있게 해줄 뿐만 아니라 사회적 성공을 위한 방편이 되기도 하고 부모님이나 선생님에게는 하지 않을 이야기를 할 수 있는 계기가 되며 다른 사람의 말에 귀 기울이는 시간이 되는데, 사실 통제성이 강한 사람은 부모님이나 선생님과 같이 통제성을 바탕으로 이미 복잡하게 형성되어 있는 인간관계보다 낯선 사람이나 전문가에게 더 경청하는 경향을 보입니다.

자신이 남들과 다른 것에 대해 타이론이 어떻게 생각하도록 도와야 할까요?

어머님이 이미 잘 시작하고 계신 부분이라고 생각합니다. 타이론은 아스퍼거와 관련된 10대를 위한 서적 중 하나를 매우 순조롭게 읽고 받아들였습니다. 이어서 읽을 만한 다른 책들도 있고 타이론이 전문가와 상의하고 싶어 할 수도 있으니 집 가까운 곳에 상담을 받을 수 있는 곳이 있는지 타이론이 상담을 원하는지(절대 강요하지 마세요.) 소견을 줄 만한 사람을 한 번 알아보세요. 학교와도 상의하여 집에서 할 수 있는 그룹 활동에 어떤 것이 있는지 생각해 보세요. "나의 장점은?", "내게 어려운 일은?"과 같은 질문으로 포커스를 타이론에 직접적으로 맞추기보다 누구나 잘하는 일도 있고 못하는 일도 있다는 것을 자연스럽게 알게 하서서 자기가 이해하지 못하거나 잘하지 못하는 일이 있는 게 다른 사람들과 다른 이상한 점이 아니라는 것을 느끼게 하는 것이 중요합니다. 모든 사람이 장점과 단점을 모두 가지고 있다는 메시지와 동시에 우리가 지금 잘하지 못하는 일은 (평생 못하는 게 아니니까요.) 노력해서 바꿀 수도 있다는 메시지를 동시에 전하는 데는 장기적인 시간이 요구됩니다. 아스퍼거가 핑계나 변명의 구실이 되어서는 절대로 안 됩니다. 피해자 심리를 갖지 않게 하시는 것이 중요합니다. 잘하지 못하는, 어려운 일들은 도전을 권유, 자신이 겪는 문제를 이해하고 함께해 줄 사람들이 있다는 것, 무엇보다 다른 사람에게는 없는 타이론만의 능력과 장점이 있다는 것을 느끼게 해주세요.

타이론의 현재와 같은 행동을 멈추게 하거나 나아지게 하려면 어떻게 해야 할까요?

타이론은 자신을 바꾸기 위해 강제적으로 짜 맞춘 정형화된 프로그램에는 응하지 않을 것입니다. 기존의 상벌체계에 의해서도 크게 변화된 모습을 보이지 않을 것입니다. 그렇다면 어떻게 해야 할까요? 유치할지 몰라도 심리적 유도법, 소위 눈치채지 못하게 '꼬시는 방법'을 써 봅시다. 부모님이라면 당연히 뭐든 해봐야지요!

구체적으로 예를 들어 봅시다. 엄마의 전화를 방해하는 문제가 있지요. 먼저 타이론이 다른 것들은 잘하는 게 참 많은데, 유독 엄마가 전화할 때는 아기 같은 모습을 보여서 걱정이 된다는 것을 알게 하는 데서부터 시작해 봅시다. 이때 비꼬거나 수치심을 느끼게 하지 마시고, 솔직하고 걱정이 가득한 모습을 보이시는 것이 중요합니다. 타이론이 더 의젓해지고 잘할 수 있을 거라는 기대감을 보여주는 것도 방법입니다만, 지금 당장 그렇게 해야 한다는 압박감은 금물입니다. 학교에서의 다른 아이들은 어떻게 행동하는지 타이론과 함께 생각해 보는 것도 방법입니다. 동시에 우리가 이걸 잘해낼 것이고, 우리가 이렇게 하는 것은 바뀔 수 있다는 희망이 있기 때문이라는 것을 확실히 하셔야 할 것입니다. 실행이 잘되지 않을 때 어떻게 침착하게 대응할 것인가에 대한 계획도 필요합니다.

세상에, 편지가 예상보다 길어졌네요. 다시 읽어 보니 진짜 그런 것 같기도 하고요. 어쨌든 현실을 직시해야 합니다. 이렇게 생각해 보세요. 당장 비행기를 타야 해서 짐을 꾸려야 하는 거예요. 그럼 넣어야 할 목록이 너무 길어지면 안 되겠죠? 처음부터 리스트가 너무 길면 다 할 수 없듯이, 처음에는 중요한 1~2개부터 시작합시다. 우리가 시작해야 할 일들 중 대부분은 꽤 장시간이 걸릴 테니 작게 시작해서 발전시켜 나가기로 해요. 어떤 것들은 다른 사람의 도움을 받을 수도 있는데 특히 학교가 그래요. 그러니 학교에서 어떤 것을 해줄 수 있는지 학교 분들과 이야기해 보세요.

몇 년이 걸릴 프로젝트의 청사진에 불과합니다. 계속 우리가 대화를 이어 나가야 할 거예요. 잘 모르시겠거나 확실하지 않은 게 있으면 아마도 제가 분명하게 언급하지 않아서 일 거예요. 그러니 질문을 어려워하지 마시고 제가 확실히 답할 수 있는 기회를 주세요. 타이론이나 타이론 가족에게는 잘 안 맞을 것 같은 게 있다면, 저보다 어머니 자신을 믿으세요.

다음 대화가 있을 때까지 행운을 빕니다.

최근 상황

이 책을 쓰는 시점에서 업데이트된 것은 없습니다.

사례 4. 찰리(자신과 타인에 대한 공격성)

그 어떤 가족도 생각하고 싶지 않은 케이스입니다. 아이의 폭력성 때문에 경찰이 투입되고 정신병원에 강제로 입원되는 일이 잦은 경우이거든요. 10대 자폐아를 두고 계신 부모님이라면 제가 무슨 말을 하는지 알 거예요.

　이런 상황이 흔하다고 말하는 건 사실 적절한 표현이 아니지요. 하지만 충분히 자주 일어나는 일이고 솔직하고 부끄럼 없이 직면해야 하는 문제입니다. 10대나 20대 초반 자녀의 이와 같은 문제로 저와 상담하는 가족의 경우 대부분 당사자는 사실 '꽤 잘' 지내던, 언어적으로 상당히 뛰어난 남자 청소년, 청년들이었습니다. 찰리의 가족과 같은 극단적 경우는 사실 드물고, 경찰이나 병원이 이 문제에 관여하는 일은 사실 흔치 않습니다. 오히려 자주 반복되는 시나리오는 정신병원에서는 '자폐'라는 이유를 들먹이며 더 이상의 관여를 꺼려하거나, 학습장애와 관련된 센터에서는 '충분히 잘할' 능력이 있어 보임을 이유로 거부하는 일입니다. 이런 절박한 상황은 하룻밤새 일어난다기보다 악순환이 연속되다 보면 부딪히게 되는 상황이고, 이런 상황이 오면 가족 구성원 모두에게 어느 정도 위험

부담이 느껴지는 상황이라고 해석할 수 있습니다.

배경정보

찰리는 열아홉 살의 청년으로 부모님, 남동생, 여동생과 함께 생활합니다. 현재는 특수학교를 마치고 대학에서 테크놀로지 디자인 공부를 하고 있습니다. 찰리는 제 어머니가 주로 사용하는 표현인 '불안 불안해 보여' 라는 표현에 딱 적합한 케이스입니다. 자기 삶의 문제를 어렵게 푸는 방식을 선택하고, 불안을 느끼게 되면 머리 꼭지가 돌도록 화를 내는데, 화를 내는 경우도 잦아지고 한 번 화를 내는 시간도 점점 늘어나며, 타인이나 자신에게 신체적인 공격(예 : 스스로 머리를 찧는 행위)을 가하는 행동이 수반되기도 합니다. 찰리는 '위니 더 푸우'에 나오는 이요르 같은 캐릭터라고도 할 수 있는데 매사에 부정적이어서 반쯤 물이 담겨 있는 컵을 보면 "반밖에 없어."라고 할 타입입니다. 이게 찰리가 세상을 보는 방식인데 이제는 자기 자신뿐만 아니라 가족의 안전에도 위협이 되는 쪽으로 자기 자신을 표현하고 있습니다. 지난 6개월간 치른 많은 일들을 종합해 보면 이런 염려는 충분히 이해가 갑니다. 아홉 살 때부터 다니던 특수학교를 떠나 대학생활을 시작했는데, 다른 사람들과 어울리는 일과 학교 커리큘럼 모두가 찰리에게는 힘들었습니다. 지난여름, 특수학교에서 알던 친구 중 하나가 세상을 떠났습니다. 지난 2년 동안 찰리가 봉사했던 분리수거센터에선 더 이상 찰리를 받아 줄 수 없다고 선언했습니다. 찰리의 분노, 짜증, 폭력성은 찰리의 가족과 저의 대화를 다시 시작하게 했습니다(지난 몇 년간 간헐적으로만 연락하던 사이였거든요).

찰리 어머니께

찰리의 현재 상황을 알려 주셔서 감사합니다. 찰리가 얼마나 불안해하고 있을지 짐작이 갑니다. 예방에 관한 것을 먼저 이야기하되, 그다음에 이어질 대화는 훨씬 복잡할 거라는 걸 미리 말씀드려야겠군요. 찰리는 바닥까지 내려간 상태라 신체적이든 심리적이든 자존감을 높여 줄 수 있는 거라면 뭐든지 도움이 될 것입니다. 찰리의 운동량을 좀 늘릴 수 있을까요? 마사지나 손발관리 같이 찰리가 좋아하는 방법은 어떨까요? 찰리가 좋아하는 일이나 좀 느긋하게 찰리가 정기적으로 할 수 있는 일들을 찾아보는 거는요? 이왕이면 무거운 것들을 운반하는 것으로요. 찰리가 여전히 트램펄린을 쓸 수 있는지도 한 번 확인해 보세요. (찰리가 주기적으로 감당할 수 있는 일을 찾을 때까지 이런 소소한 것들을 한 번 해볼 수 있을 것 같네요.)

어머니께서 몇 년 전에 생각해 내신 기막힌 중재방법이 기억나세요? 찰리의 "네. 하지만...." 식의 딱 이요르 같은 태도를 고치는 데 썼던, 긍정적인 사고에 초점을 맞추는 거 말입니다. 찰리가 긍정적인 대답으로 시작해서 부정적인 것들을 나열해 나가니, 어머니께서 찰리가 좋아하거나 잘하는 것에 대해 물어보되 찰리는 '네/아니오'로만 대답하게 하고, 찰리가 '네'라고 대답하는 것은 긍정생각 게시판에 적게 했던 방법이요. 드림 캐처(나쁜 기운을 걸러 주는 방에 놓는 액세서리)를 사용하는 것도 좋을 거 같네요. 떠오르는 꿈, 희망, 좋은 생각이 있을 때마다 드림 캐처에 하나씩 써서 걸어 놓는 방식으로, 집에서 찰리 내면에 가득한 부정적인 생각에 맞서 균형을 맞출 수 있도록 의식적으로 긍정적인 문구를 걸어 놓아 보세요.

어떤 방법을 써서 고칠지도 중요하지만 다른 것들도 이야기해야 할 것 같군요. 찰리가 어머니와 다른 식구들을 때리고 발로 찼다고요? 학교에서는 칼을 들고 다른 사람을 죽이겠다고 하거나 아니면 자기가 죽겠다고 했고요? 어머니께서 잘 타이르셔서 아직까지 진짜 해를 가한 적이 없는 건 참 잘하신 일입니다. 하지만 이건 심각한 문제예요. 정말 심각한 문제이죠. 동시에 가족들도 안전상의 위험에 노출되어 있으니까요. 이 위기상황에 대해 가족 간의 대화가 필요해 보입니다. 만약 찰리가 정말 선을 넘으면 어떻게 할지 생각해 보셔야 하고 가족 간에 의견이 일치되어야 할 것입니다. 경찰의 도움이 필요할 것 같으면 지금 말씀드려서 그들도 준비할 수 있게 해야 할 거구요. 정신건강 관련 법률이나 강령에 의해 찰리를 구금해야 할 경우가 있다면 사회복지기관과도 얘기하여 어느 곳으로 찰리를 후송하게 될지도 생각해 보세요. 이런 일이 가족에게 일어날 수도 있다고 생각하면 끔찍하지만 대비해야 할 필요성이 보이면 관련 기관에 미리 지금 어떤 상황인지 알리고 사전 대책을 함께 강구해 볼 것을 권합니다. 아마 최악의 상황은 '설마 이런 일까지는 일어나지 않을 거야'라는 생각으로 아무런 대책도 없는 상태에서 끔찍한 일이 발생했는데 어디선가 도움의 손길이 있기만을 기다리다가 상황에 따라 어쩔 수 없는 결정을 내려야 하는 것일 거예요. 이런 상황에서 가족이 손을 쓸 수 없는 일이 곧잘 일어나거든요. 이렇게 내버려 두는 것이 솔직하게 현재 상태를 직시하고 최악의 상황에 대비하는 것보다 훨씬 더 불행한 결과를 가져오고 그 결과 장기전으로 이어질 가능성이 매우 높습니다.

이 모든 게 다 참담하게 들릴지라도 몇 가지는 꼭 짚고 넘어가겠습니다. 경찰은 너무 권위적이거나 혹은 대수롭지 않게 여기며 냉정한 태도를 보이기도 합니다만, 긴박한 위험이 감지된 상황에 대해 대부분의 다른 사람들보다 훨씬 더 훈련되어 있고, 상황에 맞는 기술과 냉정하게 잘 대처할 수 있는 자세가 되어 있는 분들이기 때문에 큰 소란 없이 능숙하게 상황을 처리할 수 있습니다. 찰리를 알고, 찰리가 겪는 문제를 알면 그럴 가능성이 더 크겠죠. 두 번째 당부 드리고 싶은 것은 찰리로 인한 이와 같은 상황을 지난 몇 년간 저는 수차례 지켜봤다는 것입니다. 이런 상황은 시간이 지날수록 점점 더 악화되어서 가족 간의 불화를 야기하고 가족의 삶을 망칩니다. 어떤 때는 강력한 개입이 있어야 가족들이 한숨 돌리고, 다시 상황을 정리하여 장기 계획을 세울 수 있게 되기도 합니다. 아니면 하루하루 겨우 버텨 내야 할 상황의 연속이니 말이에요. 그리고 잊지 마세요. 찰리에게 맞는 삶을 위해 우리가 함께할 수 있는 좋은 아이디어가 꽤 많다는 것을요. 힘든 일을 피할 수도 없고 찰리가 어떤 상황인지 무엇을 필요로 하는지를 알아내는 데 시간도 걸리겠지만, 찰리에게 필요한 것은 머물 기관이나 요양소가 아니라 삶이라는 것을 잊지 말자고요.

답장 주세요. 함께 머리를 맞대서 상황을 헤쳐 나갑시다.

최근 상황

생각만큼 상황이 체계적으로 좋아지지는 않았지만, 적어도 필요한 조치를 하는 데는 성공했습니다. 결국 찰리는 열차 길에 서서 죽고 싶다고 소리치는 사건을 일으켜 따로 격리되었습니다. 찰리의 격리 상황은 모두가 숨을 돌릴 수 있는 계기를 마련해 주었고 찰리를 위한 장기 계획을 함께 생각해 볼 기회가 주어졌습니다. 구금된 곳에서 찰리가 적응해 가는 중에 가족들의 상의로 계획이 구체화되었고 따라서 찰리가 풀려났을 때 찰리가 정말로 필요로 하는 것을 좀 더 적극적으로 지원해 주고 필요한 활동을 할 수 있게 해주었습니다. 찰리는 점점 더 나아지고 있고 가족들도 원래 상태로 돌아갔으며, 모든 게 긍정적인 방향으로 가고 있습니다. 완전히 문제가 해결된 것이 아닌지라 트러블이 일어날 때도 있지만(찰리의 상태에 대한 것도 그렇고 찰리의 삶은 언제나 롤러코스터 같은 면이 있을 테니까요.) 긍정적인 것들이 보이기 시작했고 찰리 또한 이전보다 훨씬 더 나아 보입니다. 폭력과 위협문제는 더 이상 없습니다. 경찰이 찰리 가족을 도와 모범이 될 만한 역할을 했다는 것도 말씀드리고 싶군요. 찰리의 상황을 잘 종료하여 필요한 조치를 매우 잘 취해 줬으니까요.

사례 5. 루디(장기간의 자해와 신체적 공격성)

루디와 같은 사례에 대해서 좀처럼 논의되지 않기 때문에 루디는 더 어려운 상황에 놓여 있다고 볼 수도 있습니다. 대부분의 심각한 행동문제는 제대로 된 서비스와 도움에 의해 잘 다루어질 수 있습니다. 하지만 제대로 이해받지 못하는 케이스들이 존재하고, 이런 경우 질 좋은 서비스를 받음에도 불구하고 장기간에 걸쳐 문제행동이 지속되기도 합니다. 이럴 땐 어떻게 해야 할까요? 현재로는 기관에 위탁되는 것으로 끝나는데, 제대로 인간다운 삶을 영위하지도 못하고 약에 의존하는 삶을 살기 쉽습니다. 루디의 케이스는 '주변' 사람들이 실제로 미칠 수 있는 영향력을 잘 보여주는 경우입니다. 주변 사람들이 포기하지 않고, 새로운 시각과 가능성에 열린 자세로 루디의 변화에 맞춰 대응한 사례입니다. 또한 제가 종종 짚고 넘어가야 할 문제로 말씀드리는 '루디의 현 상태는 어떻고, 루디는 어떤 아이인가'를 항상 숙지할 필요성을, 또 환자로서의 루디의 삶에 집중하기보다 루디라는 인격체에게 어울리는 삶은 무엇인지 고려해 볼 필요성을 상기시켜 줍니다. 루디의 케이스는 루디의 부모님이 보여준 특별한 노력과 루디가 더 호전되는 데 루디 부모님의 통찰력이 얼마나 큰 역할을 해냈는지를 또한 보여줍니다. 저는 사실 루디와 가족이 직접 그들의 '파란만장 여행기(일상)'를 출판하기를 기다리는 한 사람입니다.

배경정보

15년 넘게 서로 교환한 서신 가운데 일부를 추려 보았습니다. 루디를 처음 만난 건 루디가 일곱 살 때입니다. 루디는 집에서 가까운 특수학교를 다니고 있었고, 저는 루디의 심각한 행동문제들을 진단하고 단기적 상담을 하기 위하여 만났죠. 당시 중점이 되었던 문제는 자해였습니다. 루디는 참을 수 없을 정도로 극도로 화가 나면 딱

딱한 곳에 머리를 찧어 멍은 물론이고 상처를 냈고, 뇌손상과 시력 손실의 위험이 있었습니다. 당시 루디의 언어적 의사소통능력은 제한적이었지만 퍼즐이나 레고와 같은 것에는 뛰어난 능력을 보여줬습니다. 루디와 직접 만난 것은 매우 짧지만, 부모님과는 수년에 걸쳐 전화와 이메일로 연락을 하고 지냈습니다. 부모님은 루디의 사고과정에 대해 큰 통찰력을 가지고 계셨고 루디와 의사소통할 수 있는 능력도 가지고 계셨습니다. 하지만 루디의 행동을 통제할 수는 없었죠. 행동문제는 좋았다가 나빴다를 반복하면서 새로운 행동문제를 만들고, 더 나아가 자해하는 방법도 늘어나고(예 : 스스로 머리 때리기, 피부조직을 도려내기), 다른 사람을 해치는 방법도 다양해졌습니다(예 : 발로 차기, 주먹 날리기, 물기). 하지만 동시에 스스로 할 수 있는 일들도 늘어나고 언어적 의사표현능력과 자신의 감정, 혹은 원하는 바에 대한 이해력도 높아졌습니다. 루디는 집을 떠나 기숙학교에 다니다가 집 근처 성인을 대상으로 한 그룹홈에서 지내게 되었습니다.

루디가 다 성장한 후 나눈 서신들을 모아 봤습니다. 여전히 행동적 문제는 계속 됐지만, 나름의 주기가 있고 가벼운 증상부터 좀 더 어려운 것까지 전부 있었으며 이 모든 것은 불안한 감정을 겪을 때 일어나곤 합니다. 수년 동안 루디는 특정한 것에 대한 불안을 보였는데, 루디가 특별히 아끼는 것 중 하나는 만화영화 '심슨 가족들'로, 이미 방송한 심슨 가족들을 방송국에서 내다 버리거나 불에 태워 없애 버릴 것에 대한 불안이 컸습니다. 따라서 루디는 어떻게 이런 일을 막을까에 대한 염려로 아무것도 할 수 없게 되었습니다. 자신의 머리를 때리는 것이 이런 걱정들을 멈추게 하는 방법이라 생각했습니다. 나이가 들면서 루디는 자신의 이런 걱정들에 대한 걱정을 하기 시작했습니다. 자신의 불안 증세에 대한 걱정은 자신이 절대 걱정으로부터 해방되지 않을 거고, 누구도 자신을 걱정으로부터 자유롭게 해줄 수 없다는 생각으로 이어져 자신을 더 화나게 했습니다. (이는 또한 가족과 선생님, 관련 스태프들은 자신의 불안 증세에 대해 아무것도 해줄 수 없을 거라는 생각으로 이어지고, 이들에 대한 공격으로 이어진 것으로 보입니다.) 하나 더 말씀 드릴 것은, 루디는 '자기 방식만' 고집한다는 것입니다. 한 번도 타협한 적이 없죠!

우리의 논의가 처음 시작된 것은 루디가 걱정들을 떨쳐 버릴 수 있기를 바라는 마음으로 시작한 활동들에 시간을 좀 더 많이 투자하기 시작한 시점으로, 루디의 부모님은 나름대로 루디가 받을 어마어마한 스트레스 때문에 근심과 걱정이 있으셨고, 어떤 행동이 루디에게 도움이 될지 몰라 고민하고 계셨습니다. 두 분은 평생 스스로를 위로하면서 루디에게 맞는 것을 찾아 주기 위해 루디의 걱정을 덜어 주기 위해 바치셨는데, 계속 이렇게 하는 게 맞는 것인지 아니면 다른 방법을 모색해 봐야 할지에 대해 걱정하고 계셨습니다. 다음 편지는 루디의 전담기관이 루디를 도맡아줄 시설기관을 언급하며 인간중심적 접근으로 루디를 보조할 수 있는 방법에 대해 생각해 보기를 권유하던 때, 제가 두 분께 쓴 편지입니다.

루디 어머니께
- - - - - - - - - - - - -

오랜만이에요! 어머니가 지치실만도 합니다. 어머니께서 루디에게 쏟은 정성과 노력의 정도는 읽기만 해도 느껴집니다. 점차 나아지고 있다는 소식이 참 반갑네요. 루디의 미래에는 더 많은 가능성들이 있을 테니까요.

　현재로는 루디가 자기 스케줄에 넣을 일들에 심혈을 기울이는 것을 걱정하실 필요는 없다고 생각합니다. 걱정거리에 플래시 카메라를 들이대는 거보다는 다른 일에 관심을 가지게 하는 게 오히려 더 전략적이죠. 자기 관심사를 채우는 일이 다른 데로 옮겨지면서 또 스트레스에 사로잡히게 되면 오히려 절망감을 느낄 거예요. 집착하는 습관도 더 강해지고 불안한 감정을 느슨하게 하는 데 더 방해가 될 수 있고요. 그렇게 될 때는 루디에게 메시지를 전하는 방법을 생각해 봐야 해요. "루디야, 너는 지금 너답지 않아. 이건 약한 모습이야. 좀 시간을 가지고 루디다운 모습을 되찾도록 함께 노력해 보자."라는 메시지요. 즉 어떻게 '우리가' 상황을 바꿀 것인지에 대해 다른 방식으로 접근하되, 루디가 혼자 전부 해내야 한다는 강박에서 벗어나게 해주는 거죠. 그러므로 일회성을 띤 도움보다 "루디가 잘 지낼 때는(정의가 필요하겠죠.) 우리는 이렇게 루디를 대할 거야. 그렇지만 루디가 불안해 보이면 우리는 이렇게 루디를 대할 거야."와 같이 연결성이 있는 계획이 필요해요. 지금 루디가 보이는 행동이 어떤지, 우리가 무엇을 할 거고, 왜 하는지에 대해 루디와 대화하고 의논해야 합니다.

루디가 스트레스를 받으면 조용한 곳에 혼자 있고 싶어 하는 게 걱정이라고 하셨죠? 제가 보기엔 똑똑한 선택인 것 같습니다. 전문가가 위기 검사 및 분석을 실시하여 루디의 안전과 관련된 문제를 한 번 짚어 볼 필요는 있어 보입니다. 혹시라도 자해를 할까 봐 루디가 혼자 있고 싶어 할 때 절대 그렇지 못하도록 모두가 눈에 불을 켜고 달려드는 것이 오히려 위험할 수 있습니다. 그리고 어머니께서 말씀하셨듯이 루디를 좀 더 자주 웃게 해주세요. 웃을 수 있는 시간을 스케줄에 넣어 주세요. 루디가 좋아하는 오락 프로그램이 있나요? 남학생들이 주로 하는 농담에 반응하나요? 이에 관한 서적이 좀 있는데요, 남성적인 유머 감각이 두드러지게 좋아지는 것은 쉽지 않아요.

루디에 대해 '팩트' 위주의 습관들을 가지려는 어머니의 노력을 높이 삽니다. 제가 가르칠 때 가장 많이 이야기하는 것 중 하나예요. 덜 감정적으로 대해야 하는 사람과는 눈에 보이는 불안 요소를 줄여야 한다는 거죠. 준비되셨으면 한 걸음 더 나아가 볼까요? 인생은 선택의 연속입니다. 우리는 루디가 좋은 선택을 하길 바라고, 루디가 어떤 선택을 하든 함께할 것입니다. 또한 루디가 원하는 것들, 또 루디가 삶에서 그것을 해내기 위해 필요한 것들을 우리는 충분한 의사소통을 통해 숙지하고 있어야 하고, 루디가 떼를 써서 그것들을 자기만의 방식으로 얻기보다 우리와 상의하여 나아갈 수 있게 해야 합니다. 동기부여적 인터뷰라는 것에 제가 요즘 관심이 많은데요. 자폐와 관련된 분야와는 좀 거리감이 있는, 그런 관점이긴 합니다. 루디를 좀 더 밀어붙여서 스스로 달성하고 싶은 행동목표를 정하게 하고, 목표를 이룰 경우 보상을 해주는 의식(예 : 악수, 목표달성 상장, 샴페인 세러모니!) 등 부모님이 생각하시기에 적당한 보상을 주는 것입니다. 하나의 행동목표가 달성되면 다음 목표를 세울 때까지 쉬는 기간을 좀 두고 '인생과 삶'에 대해 생각해 보는 여유를 가지거나 '나다운 삶을 잃었을 때'에 대해 루디에게 슬쩍 이야기를 꺼내 보시되, 이때 사용하는 단어에 각별히 주의하시기 바랍니다. 루디가 말 그대로 받아들일 수도 있으니까요. 어머니께서 루디에게 가장 좋은 대화법을 알고 계실 거라 믿습니다.

　이렇게 하실 때 제가 방금 말씀드렸던 동기부여적 인터

뷰 테크닉을 쓰실 수 있을 것 같습니다. 이 테크닉은 루디의 컨디션이 좋고 능동적일 때 적합하고, 루디가 무너지거나 생활이 불안정할 때는 방법이 너무 느슨하므로 좀 더 강도 있는 접근이 필요할 것입니다. 우리가 루디의 삶에 좀 더 적극적으로 참여하되, 루디가 직접 결정할 수 있는 문제에 대해서는 최대한 루디의 의견에 맡기는 방식이 될 것입니다. (즉, 우리가 루디의 삶에 완전히 관여하여 참견하기보다 어느 정도 루디가 감당해야 할 일들을 줄여 주는 것이죠. 루디가 다시 컨디션이 좋아질 때까지는요.) 제 설명이 충분히 이해가 가나요, 루디 어머니? 제 의견은 이렇습니다.

　잘 될 거예요.

루디의 성격은 예나 지금이나 좀 거칩니다. 항상 위기일발 직전의 상황이 눈앞에 펼쳐지고 때로는 자기 자신의 행동이 그런 경우를 만들기도 하죠. 네, 여러 분야에서 루디는 자신을 더 이해하고 자신감도 가지려 노력해야 합니다. 다음 서신은 이와 관련된 것인데요, 최근의 '위기상황'이 한바탕 있고 난 후의 편지입니다.

루디 어머니께

답장이 늦어져서 죄송합니다. 루디의 상황이 태풍같이 더 나빠지고 있네요. 하지만 태풍의 눈에서 보면 앞으로 진전하고 있는 것이고 루디는 우리 모두를 놀라게 할 수 있을 거예요. 다른 것들은 모두 신경 쓰지 마시고 루디의 가장 중요한 점에만 몰두하자고 하면 좀 진정이 되실까요? 이때까지는 루디의 행동이나 심적 변화가 생기면 기관을 포함해서 대응하는 일이 반복되는 것 같은데, 뭔가 중요한 걸 놓치고 있다는 생각이 듭니다. 진단이라기보다 그렇지 않을까 하는 생각이 드는데요. 시간이 나실 때 제게도 상황을 알려주세요.

폭풍이 몰아치는 상황에서 루디는 중심을 잃지 않고 자신만의 방법으로 진전했습니다. 이제 자신의 감정 상태를 스스로 볼 줄 알 뿐만 아니라 감정을 다스리는 데 걸리는 시간(일주일이 좀 안 되는 시간)과 어떻게 하면 감정이 누그러지는지에 대해 씨름하고 있는데 종종 조용한 곳에서 혼자만의 시간을 가지기도 하고 자신과 함께하는 관련 선생님들, 스태프들과 대화로 풀기도 합니다. 이런 점에 대해 함께 생각해 볼 필요가 있습니다.

루디 어머니께
- - - - - - - - - -

정말 감사한 순간이네요! 루디가 이렇게 스스로 일어나서 다른 사람들에게 자신 안에 일어나는 일을 설명하고 이해시키게 될 줄이야! 전에도 말씀드렸다시피, 우리는 종종 남을 이해하는 법만 가르치고 자기 자신을 남에게 이해시키는 법은 소홀히 하는데, 전 이게 정말 중요하다고 생각하거든요. 자신이 누구인지, 어떤 스타일의 삶이 어울리는지, 삶이 파괴되지 않기 위함이 아닌 앞으로 진전하기 위해 자아를 어떻게 다스려야 굉장한 효과를 내는지, 이런 것 말이에요. 루디 본인이 이런 점에 있어서 앞으로 어떤 진전을 더 보일지 기대가 됩니다. 루디의 삶에서 2인자 역할인 우리의 계획도 앞으로 크게 달라지겠죠.

잘 지내시고 늘 그렇듯이 평안하세요!

다음은 제가 가장 최근에 쓴 편지입니다.

루디 어머니께
- - - - - - - - - -

지난번에 했던 대화에 대해 쭉 생각해 봤는데요. 루디가 스스로에 대해 얼마나 알고 있는지 궁금해졌습니다. 자아가 좀 성숙했나요? 자기 통찰력이 생겼다거나 그런 것에 대해 정확하게 표현한 적이 있나요? 예를 들면, 행동목표를 적는 보드판에 썼다거나.... 지난 몇 년간 어머니의 꾸준한 수고와 노력이 없었더라면 루디의 변화가 가능했을까요? 루디의 현재 상태가 지속된지 얼마나 되었나요? 어머니의 노력에 비해 효과가 보일 때까지 시간이 좀 지연되거나 한 점은 없었나요? 이런 질문은 전반적으로 볼 때 매우 중요한 것들이에요. 소위 '잠자는 효과' 혹은 '지연된 반응'이라고 일컫는데요. 치료나 학습의 효과를 평가할 때 쓰는 말로, 치료시기로부터 효과가 나오는 때까지 너무 시간이 걸리지 않아야 한다는 논리입니다. 하지만 아동발달에 있어서 어떤 양육방법은, 예를 들면 아동에게 그들의 행동에 대해 설명해 준다거나 하는 것은 단기간에 어떤 효과를 기대할 수 없습니다. 문제는 눈에 띄게 나아지지 않더라도 매우 중요한 장기적인 효과를 내기도 하는데요. (이를테면 자신의 행동에 대해 어떤 설명도 듣지 못한 아이에 비해 더 자기 주도적인 사람으로 성장합니다.) 자폐의 세계에서 행동의 개선은 치료와 교육의 결과로서 단기적 효과가 있는 것에 집중하죠. 하지만 어떻게 보면 가장 중요한 치료 프로그램은 단기적인 효과 없이 매우 나중에서야 보이는 것일 수도 있습니다. 미래에 대한 예측, 평가, 관련자 교육, 일상화된 프로그램 등에 있어서 밀접한 연관이 있을 것으로 보이네요.

그간 어머니의 편지에 감사드립니다.

이제 루디는 청년이 되었고 주기적으로 찾아오는 힘든 시기에도 굴하지 않고 계속 전진하고 있습니다. 루디 부모님의 글로 마무리 하겠습니다. 거의 수정하지 않았습니다.

(루디는) 선생님께서 루디를 처음 봤을 때와 비교하면 기대 이상으로 잘해 주고 있어요. 그 아이는 지혜롭고, 자기 자신에 대한 이해도 있고, 의사소통 능력도 많이 늘었죠. 하지만 여전히 걱정될 만한 모습을 보여요. 예를 들면, 다른 사람들에게 자신의 어려운 점이나 필요한 점을 언어로 표현하는 것을 여전히 어려워해요. 루디가 어떤 사람인지를 충분히 이해해서 루디와 의사소통할 수 있는 사람을 여전히 필요로 하고요.... 루디는 일대일로 전담하는 사람과 항상 함께 하고요. 그런 서포트 없이 제가 혼자서 루디를 다루는 것은 아직 생각해 보지 못했습니다.

루디는 여전히 심각한 행동적 문제를 보입니다. 최근에는 자신의 삶에 매우 심각한 문제가 될 수 있는 병이 있다는 것도 알게 되었습니다. 하지만 최근의 종합적인 진전 상태를 보면 전담기관이 루디가 그토록 기다렸던 루디만의 보금자리를 가지게 해주는 것을 준비 중인 것을 알 수 있습니다. 다음은 루디 부모님의 편지입니다.

(루디는) 자신을 전담해서 돌봐 주는 사람과 함께 어느 휴일에 저희를 루트랜드 근처의 별장으로 초대했습니다. 처음으로 자기 능력으로 마련한 집인 거죠! 솔직히 놀랐습니다. 마치 원래 즐기던 공놀이를 올림픽 구기 종목과 같이 완전 다른 차원으로 업그레이드한 것 같이 느껴졌고, 주도권을 누가 가지고 있느냐 하는 문제도 완전히 입장이 달라진 것이니까요. 루디와 루디의 서포터는 매우 친밀한 사이였는데요. 그래서인지 저희가 할 일은 하나도 없었고 오히려 대접을 받고 온 기분입니다. 예상했던 일이고 피할 수 없었던 결과이지만 저희가 루디에게 해줄 일이 없다는 게 좀 슬프더라고요. 하지만 둘이 잘 지내는 걸 보니 보기 좋기도 하고, 한 편으로는 뭔가 해방된 마음이 들더라고요. 헤어지려고 하는데 엄마인 저로서는 한 번도 생각지도 못한 상이 기다리고 있더군요. 글쎄 루디가 두 팔을 뻗어 저를 꼬옥 안아 주면서 세상에서 처음 느껴 보는 그런 뭉클한 포옹을 해주었고 엄마가 가지 않았으면 좋겠다고 말하는 거 있죠. "어차피 엄마는 못가겠지만." 이라고 말하는데, 루

디의 이두박근은 15인치나 되기 때문에 루디가 팔을 먼저 빼기 전까지 루디 엄마는 그냥 그렇게 서 있었어요. 루디의 서포터도 정말 놀란 기색이었고 부모님에 대해 그렇게까지 속내를 드러낸 적이 없었다며 사진을 여러 장 찍어 주었죠. 저희에겐 정말 특별한 순간이었어요. 그런 말을 들으니 감동적이기도 하고 어깨가 으쓱하기도 했습니다. 저희에겐 정말 큰 선물인 셈이죠. 큰 기쁨의 순간이었어요.

이 장을 마치며

'부모님께 드리는 편지'에서는 자폐아의 가정에서 일어나는 일들을 좀 더 사실적으로 접하고 심리전문가의 관점에서 현실적인 조언과 도움을 얻어 가족이 주도적으로 치료에 임하는 사례들을 살펴봤습니다. 실제로 이렇게 가족들이 적극적으로 나서서 획기적인 변화를 일으킨 경우들이 더러 있습니다. 하지만 서로 생각이 같기 않거나 협력하는 구조의 계획이 형성되지 못해서 아무런 변화를 주지 못한 사례도, 혹은 더 악화된 사례도 있습니다. 제가 말씀드리고 싶은 것은 제 방식이 무조건 '옳다'는 것이 아니라 발달장애를 가지고 사는 이들을 위한 도움은 그런 장애가 없는 사람들이 뜻을 합하여 함께 계획을 짜나가는 데서 비롯된다는 것입니다. 어떻게 보면

장애가 없는 사람들의 행동도 장애를 안고 사는 사람들의 행동만큼
이나 문제가 많고, 뜻대로 되지 않는 법이니까요.

Section 4

고전적
사고방식에
딴지를 거는
편지

Section 4

고전적 사고방식에
딴지를 거는 편지

이번에 살펴볼 내용은 앞에서 보았던 다른 편지들과는 좀 다릅니다. 소위 '현장에서의 지혜'에 대한 것인데 이런 지혜 이면에 깔린 생각과 효과에 대한 것을 다루겠습니다. 지엽적, 학문적으로 다루기보다 부모님들께 도움이 될 전반적인 내용을 다루도록 하겠습니다. 저는 부모님들이 비판적인 자세를 가지시고 건설적인 방법을 모색하길 바라는 마음에서 이 장을 쓰고 있습니다. '당신의 자녀에게 도움이 될' 것들에 대해 말하는 여러 전문가들을 만나셨을 거고, 또 더 만나실 것입니다. 종종 다른, 아니 서로 상충되는 조언을 듣기도 합니다. 인터넷의 정보가 사실 그렇습니다. 우리에게 중요한 정보를 주기도 하지만 실제 팩트와 모니터의 정보가 상이하여 우리를 혼란스럽게도 하니까요. "제 말이 맞습니다."라고 소리치는 정보들이 난무하는 곳이 인터넷입니다. 따라서 인터넷의 정보는 부모님을 매우 혼란스럽게 하기 충분합니다. 모조리 다 무시도 해보고 어떤 방법에 대해 더 알아보거나, 또 어떤 특정 방법에 완전 사로잡히기도 하는데, 그 대표적인 예가 (영국에서는) 선-라이즈(Son-Rise) 프로그램, 응용행동분석(Applied Behaviour Analysis)이나 정교화된 디톡스 프로그램, 다이어트 등이 있을 것 같네요.

'아무것도 믿지 마세요.' 또는 '전문가 XX씨의 말만 믿으세요.' 식의 흑백논리도 너무 많아서 뭐가 맞는다고 말씀드리기 어려운 상황입니다. 가족들이 실천할 수 있는 가장 현명한 방법은 아마 생각을 열고 이것저것 궁금하게 보는 것입니다. 귀 기울여 보고 질문해 보고 그 의견을 뒷받침해 주는 증거와 근거들을 찾아보면서 여러분의 아이에게 딱 맞는 것 같은 것을 찾아가는 방법이지요. '진실을 찾았다'라고 생각하신다면 이런 절충주의적 방식이 맘에 안 드실 수 있겠습니다만, 그 진실마저 실상 하나의 의견인 것처럼, 절충주의적 접근이 한 가지 진실만 고집하는 것보다 나쁘다는 증거는 없거든요!

건설적으로 비판하는 방법을 함께 나누겠습니다. 먼저 감각통합 프로그램(Sensory integration)에 대해 말씀드리고, 그 후에 중증 발달장애를 가진 아동과 청년들을 위한 시설기관에 대해 말씀드리지요.

1. 감각의 통합 — 실제 뇌를 바꾸는가 아니면 그저 빛 좋은 개살구인가

자폐 아동뿐만 아니라 많은 발달장애 아동들은 다른 사람들이 보기에는 전혀 사회적이지 않아 보이는 신체적 활동을 반복적으로 또 강도 높게 합니다. 손을 사용한 반복적인 움직임이나 빙빙 돌기, 제자리 뛰기, 머리 흔들기, 헤드뱅잉하기 같이 그냥 몸을 움직이는 것들도 있고 물체 사용을 동반하는 경우도 있는데, 스위치를 껐다 컸다 하기, 문을 열었다 닫았다 하기, 물건을 옮겼다가 제자리에 놓기를 반복하는 것을 예로 들 수 있습니다. 이런 행동들은 '자기 자극적(Self- stimulatory)' 행동이라고 하는데 본인에게 재미있는 감각 경험을 주는 것으로 생각됩니다. 1950년대 후반부터 1960년대까지 이에 대한 연구가 활발했으나 지금은 거의 잊힌 상태입니다. 당시 연구는 어떤 행동들은 '자기 오락적(Self-entertainment)' 형태이고 그 외 행동들은 '스트레스 감소적' 형태로 자신을 진정시키는 역할, 소위 평안의 상태에 이르게 하는 역할을 한다고 시사했습니다.

연구된 또 다른 형태의 행동은 감각적 편향 및 불균형과 관련이 있습니다. 다른 사람들에게는 평범한 감각적 정보가 이들에게는 극심한 심리적 불안을 야기하는 경우로 잔디 깎기의 소리, 아기의 울음소리, 음식의 식감이나 색깔, 사람들이 한꺼번에 빨리 움직이는 상황, 여러 다른 냄새들이 있는데, 개인차가 매우 심해 겪는 사람이 매우 불쾌한 경험을 하게 된다는 것 외에 공통적으로 묶을 수 있는 범주가 없다고 할 수 있습니다. 감각 자극이 혐오스러울 경우 인간이 보이는 반응은 대체로 비슷합니다만, 자폐를 가진 경우 매일매일 일상이 괴롭고 사회적 활동을 하는 데 지장이 있기 때문에 심각한 문제라고 할 수 있습니다.

발달장애에 대해 조금씩 덜 부정적인 시각을 가지게 된 시기는 1950년대 중반에서 후반입니다. 이때부터 반복적 행동을 '자기 자극적' 행위로 보기 시작하여 더 '바람직한' 교육 방법에 방해가 되는 것 또는 발달장애의 '증후' 정도로 여겨졌습니다. 어떤 관점을 택하든 이런 행위는 감소, 또는 억제되어야 마땅한 것으로 여겨졌습니다. 감각자극에 대한 혐오반응은 많이 지적되었으나 이 시기에는 거의 다루어지지 않았습니다. 공포증에 대한 행동적 치료가 이미 매우 잘 발달되어 있어, 충분히 발달장애의 자극 혐오 반응 모델에 대입할 수 있음에도 불구하고 말이지요. 공포증은 많은 사람에게서 관찰되는, 다른 사람들에게는 아무렇지 않은 어떤 특정 자극에 심한 부정적 감정 반응을 보이는 경우로 높은 곳, 거미, 특정 모양, 피, 엘리베이터, 비행 등의 사례가 있습니다. 이 치료모델은 공포증이 불안에서 비롯된다고 보고 '새로운 치료'는 공포를 일으키는 자극이 있는 상태에서 불안을 줄이는 방법을 찾는 것입니다.

두 가지 중요한 발전이 잇따랐습니다. 하나는 자폐를 안고 살아가는 사람 중 언어능력이 뛰어난 사람들의 자전적인 고백이 끊이지 않게 된 것입니다. 이들의 이야기 중 다수가 각 개인이 감각과 지각에 있어서 경험하는 어려움이 크다는 점을 강조하며 사회성과 관련된 부분(사회적 이해와 의사소통)에 대한 어려움만큼이나 이들을 힘들게 하는 점이라는 것을 밝혔습니다. 두 번째 발전은 첫 번째와 연관이 있는데 자폐증과 같은 진단을 '치료할 수 있는 병'이기보다 '삶을 살아가는 하나의 방식'으로 받아들이기 시작했다는 것입니다. 사회적 해를 끼치지 않는 '다른' 점들에 대해 용인하는 입장이 증가했고, 이와 같은 공감적 수용은 관용의 영역을 넓혀 갔으며 '다른' 점들을 야기하는 원인에 대한 심도 있는 연구를 가능하게 했습니다. 즉 특정 행동을 감소, 억제시키는 것에서 다른 정신 작용이 어떻게 일어나는지를 연구하는 쪽으로 연구방향이 바뀐 것이죠.

이런 변화의 결과 중 하나는 작업 치료사 진 아이레스의 관점을 더 발전시킨 것인데요, 아이레스는 1970년대 초에 감각경험을 '통합'하는 데 어려움을 겪는 아동들에 대한 책을 썼습니다. 이 관점은 반복적 자극을 추구하는 행동과 자극 수용에 있어서 혐오반응을 보이는 행동을 같은 종류의 하나의 문제로 보는데, 자극 세계를 분석, 반응하는 뇌의 신경영역에 문제가 있을 것으로 보았습니다. 작업 치료사는 전문화된 영역으로 실제적인 도움을 주는 것에 초점을 맞추고 있기 때문에 아이레스 또한 자신의 관점을 이론화하기보다 아동이 즐겁게 임할 수 있는 활동들의 영역을 넓히는 것에 주력하였는데, 이런 행동들은 감각 및 지각 세계를 다루는 두뇌의 기능을 향상시켜 주리라는 믿음에서 비롯되었습니다. 이런 그녀의 치료기법을 '감각통합치료(Sensory Integration Therapy, SIT)'라고 합니다. 20세기 후반과 그 이후부터는 이렇게 감각통합과 관련된 것들이 미국과 영국에서 줄을 이었는데요, 이제는 행동장애를 가진, 특히 자폐의 경우 많은 아이들이 감각통합치료를 받거나 학교나 가정에서 특정 감각에 대한 활동(감각 훈련)을 하고 있습니다. 또한 감각에 대한 관심의 증가는 이를 전문적으로 다루는 기관의 발전을 가능하게 했는데 시각, 청각, 촉각 자극을 두루 경험할 수 있게 하는 꽤 고비용의 감각실을 만들어 아이들이 치료를 받거나 경험할 수 있도록 하였습니다. 아이들 스스로가 이런 활동을 좋아하는 경우가 많습니다. (물론 그렇지 않은 경우도 있습니다.) 자폐와 관련된 일을 하는 종사자라면 감각통합과 관련된 치료와 활동이 뇌 활동을 정말 촉진시키는가와 같은 학문적 문제와 별개로 아동과 함께 즐겁게 할 수 있는 행동이 있다는 것 그 자체가 얼마나 큰 보너스인지를 아실 것입니다. 그 이면에는 장점이 더 있습니다. 감각통합이라는 발상은 타인에 대한 공감대를 형성하고, 다른 사람이 지각하기에 '이상하고', '기능적이지 않고', '의미 없는' 일들을 이해할 수 있는 틀을 제공해 주어 다른 관점에서 '다름'을 볼 수 있는 기회를 주었습니다. 이런 공감대는 긍정적인 실천으로 이어지는데 절대적으로 중요하며, 다른 방식의 경험을 '문제'가 있다고 보는 판단적인 관점이나 다른 방식의 행동양상은 기저에 있는 질환이기 때문에 '치료'되어야 한다는 병리학적 관점과 같이 각 개인이 정말 경험하는 것과의 연관성을 무시하는 태도와 매우 대비됩니다.

이제 감각통합에 대한 본격적인 이야기를 하려고 하는데, 저는 긍정적인 입장이라는 것을 미리 밝히고 시작하도록 하겠습니다. 하지만 우려되는 점도 있습니다. 소위 학문적인 염려라는 것인데요. 신경학적으로 감각 기능을 담당하는 기관이나 부분에 대한 증거가 거의 없다는 것입니다. 또한 이런 쪽으로 감각통합치료가 수치상으로 장기 효과를 보인다고 할 만한 증거 또한 없습니다. 특정 감각을 선호하는 것과 특정 감각에 방어적인 것을 하나로 묶을 수 있게 해 주는 확실한 이유나 근거 또한 없습니다. 감각통합 모델이 각광을 받게 되면서 다른 시각에서의 접근에 대해 관심을 덜 가지게 되기도 했습니다. 예를 들면, 50년대 후반부터 60년대 초반까지 성행했던 '스트레스 감소' 기법은 '자기통제'와 관련된 발달심리학적 관점과 연결시켜 생각해 보면 '감각에 대한 방어적인 반응'을 다른 시각에서 보아 다른 치료방법까지 연결시킬 수 있습니다. 이런 관점에서 보면, 자폐 아동의 뇌가 '정상적으로' 기능할 수 있게 하기 위한 교육이 아닌 스트레스를 야기하는 환경적 요건을 인지하고 잘 받아들일 수 있는 교육을 우선순위에 둘 것입니다. 또 다른 가능한 관점으로는 '감각에 대한 선호적인 반응'과 중독과의 관련성에 대한 연구가 거의 없다는 것인데요, 자해의 특정 형태에 대한 연구를 아편이 작용하는 메커니즘과 연관시켜 점점 연구의 규모를 늘려나가는 것을 생각해 볼 수 있는데, 이 또한 백만 가지 가능한 연구방향(예 : 금단현상, 대체 행동 등) 중 하나입니다. 이런 접근이 감각통합적 관점보다 효과적이거나 더 옳다는 입장이 아님을 밝힙니다. 다만 이런 다른 접근들도 충분히 고려할 만한 점이 있으며 더 많이 연구되어야   할 분야이기에 현재 우리에게 익숙한 관점이나 조언들이 절대적으로 옳기 때문은 아님을 여러분과 함께 나누고자 하는 의도임을 또한 분명히 하고 싶습니다.

　더 우선시해야 할 현실적인 것들도 있습니다. 심리학자가 볼 때 반복적으로 감각을 찾는 행동을 보이는, 또 그런 행동에 많은 시간을 할애하는 청소년과 젊은 청년들이 계속 눈에 들어옵니다. 이런 행동을 방해하려고 하면 매우 난폭해지며 사회성이나 다른 기술을 배우는 것에 비협조적인 자세를 취합니다. 소위 '내 방식대로' 하려고 하는 경향을 보이는데, 어떻게 보면 자기 취향에 맞는 삶을 살고자 하는 것은 마치 자기가 좋아하는 음악에 자신만의 박자와 리듬으로 춤을 추는 것으로 볼 수 있습니다. 시시때때로 통제를 하기보다 그들의 '다름'을 존중해 준다는 측면에서 볼 때 이렇게 할 수 있게 해주는 것이 잘하는 일이자 도덕적으로 옳은 일로 볼 수도 있습니다. 하지만 현실에서 생기는 어두운 그림자를 무시할 수 없습니다. '내 방식대로'의 삶은 가족과 함께 사는 것을 불가능하게 만들고 학교에서의 생활도 어렵게 합니다. 그들의 비협조적인 자세는 시간이 갈수록 더 확고해지고 훨씬 더 통제성이 강한 환경이나 치료 프로그램으로 그들을 몰아가는데 이때 그들이 얻을 수 있는 행복감이나 삶에 대한 만족감을 찾아보기 어렵습니다. 이런 시나리오는 없지 않습니다. 또한 저로 하여금 이런 생각을 하게 합니다. '감각치료'의 중요성을 강조하고 사회성과 거의 관련 없는 감각적 행동을 위한 시간을 꽤 어린 나이부터 점점 늘려가는 것이 오히려 아이들이 '자기 방식대로' 경험을 추구할 수 있게 놔두는 것은 아닐까? 또 감각치료가 과연 그렇게 어린 나이에도 효과가 있는 것인가? 제가 감각통합적 접근에 대해 우려하는 것은 바로 이런 것들이지 학문적인 논의가 아닙니다. 별로 해가 될 만한 것이 없어 보이는 이 치료방법이 적어도 어떤 이들에게는 보이지 않은 해가 되고 있는 것은 아닐는지. 그렇다면 자녀에게 도움이 될 만한 활동을 선택할 때 고려해야 할 부분인지…. 이런 제 고민들과 직접적으로 관련된 연구는 없는 듯합니다. 제 판단이 틀렸을지도 모릅니다. 하지만 감각적 활동과 관련해서 충분히 고찰해 보아야 할 문제이고 널리

알려진 치료방법과 활동이라고 무비판적으로 수용하는 자세도 지양해야 할 것입니다.

이런 이슈를 여러분께 던져 주고 끝내는 것은 부모님들을 위한 현실적인 가이드북이라는 이 책의 취지와 어긋난다고 생각합니다. 가족의 입장에서 실질적으로 도움이 될 만한 것, 여러분의 자녀를 위한 결정을 하는 데 도움이 될 만한 것들을 제 입장에서 알려 드리도록 하겠습니다.

- 당신의 자녀를 위해 감각통합치료를 선택하셨거나 권유를 받으셨다면, 치료자와 함께 당신이 보기에 어떤 효과를 기대하는지, 그 효과를 어떻게 확인할 수 있는지, 즉 이 치료가 자녀에게 효과적이라면 어떤 것을 눈으로 확인할 수 있을지, 이런 결과를 확인하는 데 치료기간이 얼마나 걸릴지에 대해 상의하세요. 당신의 자녀에게 맞는 것 같으면 **실행으로 옮기세요!** 하지만 예상했던 효과가 생기고 있는지 계속 점검하셔야 합니다.

- 좀 더 적극적으로 임하고 싶으시다면 어떤 치료나 프로그램이 아동 스스로 감각과 관련된 행동에 들이는 시간을 늘리는지, 다른 사람들과 어울리는 활동에 쓰는 시간을 줄이는지를 체크하세요. 전문적인 치료사와 함께 감각치료 활동을 하는 것은

문제가 되지 않습니다. 다만 '감각실'에서 시간을 보내거나 감각과 관련된 다른 활동들이 하루 일과 중 많은 시간을 할애하게 될 시 다른 사회적 활동에 지장을 주는 결과를 초래할 수 있습니다. 사회성을 늘리는 활동은 절대적으로 중요하기 때문에 부모님이나 전문가와 함께하는 활동, 학습할 수 있는 여건이라면 괜찮습니다. 하지만 아동이 소위 감각 활동에 꽂혀서 너무 많은 시간을 보내고 다른 사람들과 어울리는 것을 꺼리면, 이것은 문제점으로 보셔야 합니다.

- 아동이 특정적으로 민감한 것에 의한 사회적 문제들(예 : 우는 아이를 때린다, 낙엽이 떨어지기 시작하면 흥분하여 뛰어다닌다.)을 치료할 목적으로 감각통합 훈련을 시작하지 마세요. 그런 상황을 종료시킬 수 있는 적응방법을 직접적으로 찾으세요. (아이가 자신의 감정적 반응을 통제하고, 스스로를 진정시키도록 훈련할 수 있나요? 폭력성 대신 달리기와 같은 방법으로 아이의 반응 방법을 바꿔 줄 수 있나요?)

- 다른 방법들도 많습니다. 특히 우리가 흔히 공포증을 치료하는 방식인 '탈감각화'로 나아질 수 있는 감각 반응도 있습니다. 매우 전문성을 요하는 방법이기 때문에 인증을 받은 행동치료사의 개입이 필요합니다.

- 또한 점점 민감해질수록, 즉 내성이나 참을성이 생겼던 행동

에 퇴보를 보이게 되면 이는 삶의 질이 낮아지고 있다는 신호이므로, 문제가 되는 행동에 대한 처치나 치료가 필요할 것으로 보아야 합니다. 삶의 질은 누구에게나 중요한 이슈이고, 삶의 균형이 심각하게 깨지거나 중요한 부분이 제 기능을 하지 않는 것에 발달장애를 겪는 사람들은 대개 많이 힘들어합니다.

이럴 때 감각치료가 효과적일 수 있습니다. 하지만 유일한 방법은 아니며 잠재적인 효과만큼 잠재적인 손실도 있을 수 있음을 염두에 두셔야 합니다.

더 일반적이고 '학문적인' 문제로 돌아가자면 특정 감각을 선호하거나 혐오하는 편향성에 대해 학문적인 기관에서 더 연구가 되어야 할 필요성을 생각하게 합니다. 50년대와 60년대는 이런 연구가 왕성했으나 이런 연구는 곧 감각통합과 관련된 관점에 자리를 내주었고, 연구기관들도 인지적 문제, 의사소통과 관련된 이유나 유전자 관련 연구로 눈을 돌렸습니다. 유전자 연구야말로 논쟁의 중심이 되었습니다. 유전자 연구에 의하면 반복적 행동성향은 자해와 관련된 영역들과 분리되어 독립적인 특징성을 보인다는 것인데, 이런 문제에 대한 관심을 다시 불러일으키면 부모님들께 더 건설적인 충고를 드릴 수 있을 것 같습니다. 현재로는 부모님들이 자녀를 위한 중요한 선택을 할 때 그 선택의 결과나 영향에 대해 팩트에 기반을 둔 정보는 거의 얻지 못하고 있는 게 현실이라고 할 수 있는데, 전문적인 지원을 못 받는 경우도 적지 않습니다. 충분한 증거가 없는 현재로는 비판적인 사고, 신중한 접근이 필수적입니다.

2. 영국의 기숙학교 ─ 난제에 대한 해결책인가, 영국의 고질병인가

발달장애를 겪는 아동과 청소년, 청년을 위한 영국의 서비스 프로그램으로 다들 기숙학교를 한 번쯤 고려해 봅니다. 기숙 프로그램으로는 일주일부터 학기제, 일 년 단위 등 등록 단위도 다양한데, 영국에서는 꽤 역사가 있는 방식의 프로그램으로 영국의 문화와 연관성이 크지만, 발달장애에 대한 이해에서 시작된 것은 아닙니다. 국가의 지원이 아니라 개인이 직접 자기 돈을 내고 이런 서비스를 받는 시스템이 존재하지 않는 나라도 꽤 많습니다. (영국인은 무료로 국가 의료시스템에 등록이 되어 있습니다─역주)

역사적 분석을 하려는 것은 아니지만 기숙 프로그램이 영국의 문화적 환경에서 어떻게 자리 잡았는지에 대해 한 번 생각해 볼 만합니다. 세계의 다른 곳들과 마찬가지로 영국은 사립교육의 역사가 긴데요, 기숙학교는 그중 하나의 형태입니다. 어떤 기숙학교는 빅토리아 시대 이전까지 거슬러 올라가는데요. 기숙학교가 보편화된 건 훨씬 최근의 일입니다. 어쨌든 자녀를 먼 곳에 있는 학교로 보내는 것은 영국 교육의 일부분인데, 대개는 부유층의 전유물이라고 할 수 있습니다. '안식처'로 여겨지기도 했는데, 산업혁명 때의 몸서리치게 만드는 사회적 조건을 포함하여 일상의 압박에서 벗어나 삶의 평정심을 찾고 자신을 다듬을 수 있는 자유를 주었기 때문입니다. 교육적 기능을 더 뚜렷하게 띤 경우도 있는데 이 역시 긍정적인 교육적 효과는 아동을 가혹한 현실에서 벗어나게 하는 것으로 시작되었다고 할 수 있습니다. 따라서 많은 학교들이 점점 급속하게 퍼지던 질병의 전염, 사회혼란, 도시의 역기능적인 것들로부터 멀리 떨어져 있는 시골에 생기기 시작했습니다. 따라서 아동을 먼 곳에 있는 학교로 보내는 것은 회복과 발달을 돕는 분위기의 오래된 영국 역사와 연관이 있다고 할 수 있습니다.

흥미롭게도 이후의 사립학교의 역사는 필요성에 의한 교육기관의 양상과 다른 면을 가지고 있는데요. 물론 사립학교도 우여곡절이 있는 시기를 겪지만, 전반적으로 높은 교육적 효과로 그 명성을 찾습니다. 안식처나 부유층을 위한 역할을 한 경우는 달랐는데요. 초기에 기대했던 긍정적인 바람과는 다른 방향으로 학생은 많은데 자금이 부족한 현상이 이어져 무기력하고 오염되고 소외되고 공공연한 학대가 자행되는 분위기가 형성되었습니다. 이런 상태가 20세기 중반까지 이어지며 미국과 영국에서 교육 실태에 대한 수치심을 일으켰는데요. 바로 이런 자각이 발달장애가 있는 학생들에게 '공동체 돌봄' 프로그램을 공급하는 사회정책으로 이어졌고, 학생들을 기숙학교로 보내게 되었습니다.

영국의 기숙학교는 '정신적 장애가 있는' 사람들을 위한 장기 병원과는 달리 이 정책에서 살아남았습니다. 기숙학교는 가족들이 자체적인 관심을 보이는 경우나 권유를 받았을 경우에 생각하게 되는 대체방법으로 오늘날에는 자녀가 현재 생활하는 범위 내에서 해결할 수 없는 행동적 문제를 보이는 경우에 생각해 보는 방법이 되었습니다. 기숙학교는 어떤 좋은 점이 있을까요? 하나의 대책으로 생각해 보기 위해 부모님은 어떤 것들을 고려해 보아야 할까요?

기숙학교를 긍정적으로 볼 수 있게 하는 데 많은 합리적인 근거들이 있습니다. 아마 '체계성' 이라는 말을 많이 들으셨을 텐데요. 하루하루, 한 주 한 주가 체계적인 프로그램으로 꽉 채워져 있고, 이런 체계성은 가족이 같이 생활하면서 제공할 수 없는 부분으로 이런 체계적인 일상생활은 발달장애가 있는 자녀에게 큰 이점이 됩니다. 체계성과 함께 '일관성' 에 관한 이야기도 많이 나오는데요. 기숙학교는 또한 가족이나 일반적인 동네 학교가 제공하기 매우 힘든 일관성 있는 프로그램을 제공해 줍니다. 체계성과 일관성은 중증의 행동을 치료하는 데 열쇠로 여겨지는데, 그런 행동이 발생하는 기저에 체계성과 일관성의 결여가 있다는 관점과 연결시켜 볼 수 있습니다. 또한 기숙학교는 높은 전문성을 토대로 한다는 데 점수를 더 줄 수 있는데, 항상 옆에 있어 줄 수 없는 관련 전문가가 함께한다는 점에서 '탁월한 기관'이라고 할 수 있습니다.

이런 장점들에 대해 곰곰이 되짚어 봅시다. 발달장애를 가진 사람들이 보이는 심각한 행동문제는 과연 체계성과 일관성의 결여에 의한 것일까요? 이와 같은 의견을 뒷받침해 주는 근거는 전혀 없습니다. 행동문제는 여러 개의 서로 연관성이 있는 원인적 문제들이 합쳐져 복합적으로 일어나는 것으로 체계성과 일관성의 결여는 두드러지는 부분이 아닙니다. 체계성과 일관성이 행동문제를 건설적으로 대응하려고 노력하는 방법에 긍정적 영향을 끼칠 수는 있으나, 체계성과 일관성의 효과는 어떤 요인들이 그 행동을 야기하는가를 토대로 한, 심사숙고를 통해 결정된 치료방법에 비하면 거품 효과일 수도 있습니다. 체계성과 일관성이 긍정적인 효과임을 인정하더라도 과연 기숙학교가 그 기능을 하고 있는지 또한 다시 생각해 보아야 할 문제입니다. 기숙학교가 제대로 돌아가기 위해서 근무자 교대 패턴이 어떠해야 할지도 생각해 봅시다. 특히 학기제나 일 년 단위일 경우에요. 각 학생 한 사람 한 사람에게 붙는 사람이 몇 명일지, 교대는 얼마나 자주인지(기숙학교의 경우 더 잦을 가능성이 높습니다.)도 생각해 봅시다. 상황별로 마주하게 될 기숙사에서 일하는 사람의 경우 훈련을 받지 않거나 자격미달인 사람들도 많을 텐데 이런 경우의 수를 생각해 보면 기숙학교가 제공하는 체계성과 일관성의 수준이 일상생활에서 경험하는 수준보다 과연 높다고 할 수 있을지 생각해 볼 문제입니다.

기숙학교와 관련된 경험이 있는 사람들만 아는, 그렇지 않은 사람들은 생각해 보지도 않을 문제가 하나 남아 있습니다. 많은 기숙학교의 선생님들과 기숙사 스태프들은 사이가 원만하지 않습니다. 둘 사이의 화합이 잘 되지 않거나, 관계가 소원한 문제는 '복지'의 측면에서 더 고려해 볼 만합니다. 선생님들은 자격증을 갖춘 좋은 조건에 보수도 넉넉한 편으로 사회적 지위도 꽤 있습니다. 반면 기숙사에서 일하는 스태프들은 자격증이 있는 것도 아니고 보수도 낮으며 저녁과 주말 같은 시간까지 일하지만, 받은 훈련은 제한적이고 사회적인 지위가 있다고 말하기도 어렵습니다. 이런 상황에서 '체계성과 일관성'을 얻으려면 지위가 더 높은 사람의 관리 능력과 기관 자체의 구조적 변화가 불가피한데, 이런 변화는 그 무엇보다 어려운 일이기도 합니다.

마지막으로 '탁월한 기관'이라는 명칭은 기숙학교에서는 전문적인 숙련자들과 각 분야의 전문가들의 협조로 아동이 다른 곳에서는 흔치 않은 능숙한 서비스를 받을 것이라는 기대를 반영합니다. 이런 측면에서 기숙학교가 탁월하다는 근거는 없습니다. 어떤 학교는 그 수준을 맞출 수 있겠지만, 아동의 생활범위 내에서도 그런 수준의 기관이 충분히 있을 수 있습니다. 사실 영국에서 가장 큰 문제는 발달장애를 가진 사람들을 위한 기관의 질이 너무 일관성이 없다는 것입니다. 집 근처이든 기숙학교이든 자녀를 맡기게 될 기관을 신뢰할 수 없다는 것은 가족들에게는 사실상 진짜 겁이 나는 상황입니다. 좋을 수도 있겠지요. 그렇지만 악몽이 될 수도 있습니다. 어떤 때는 제비뽑기와 같은 것이겠죠. 진짜 좋은 기관을 만났다고 해도 나중에 필요하게 될 서비스가 계속 높은 수준을 유지할거라는 보장은 없습니다. 자녀가 어렸을 때 좋은 기관을 만난 것이 자녀가 자라면서 만나게 될 기관들까지 연결될 거라는 보장은 없으니까요.

따라서 발달장애를 가진 자녀를(아동이든 청년이든) 기숙학교에 보내는 문제에 답을 내려 주는 증거는 없다고 할 수 있습니다. 그렇다면 기숙학교는 더 이상 하나의 옵션이 되지 못하고 '정신장애를 위한 병원'을 우리가 꺼리듯이 그만 생각해야 할 대상일까요? 그건 아닐 것입니다. 다만 저는 우리가 한 걸음 뒤로 물러나서 체계성과 일관성, 탁월한 서비스에 대한 루머들에 의존하기보다 전형적으로 기숙학교가 어떤 것을 제공하는지에 대해 생각해 볼 필요가 있다고 생각합니다. 많은 것을 제공하겠지만 우리의 현 논의와 관련된 기숙학교의 장점들을 몇 가지 생각해 보았습니다.

- 교육 기회를 제공하는 면에 있어서 장점이 있습니다. 학교에서 보내는 시간이 더 길어질 가능성이 큽니다. 하루에 학교에

서 보내는 시간이 더 길 수도 있고 토요일에 수업이 제공되기도 하며 교실당 학생 수도 적습니다.

- 가족이 함께해 줄 수 없는 스포츠나 레저활동을 제공하기도 합니다. 한 가정이 제공할 수 있는 현실적 범위를 넘어서는 삶의 질을 아동에게 제공해 줄 수 있습니다.
- 가정생활에 위협, 위험이 되는 면에서 아동에게 쉼터가 될 수 있습니다. 폭력을 일삼고 매일매일 한 건 하는 것이 일상이던 아동은 무장을 한 스태프들의 보호 아래 일상의 패턴에서 자신의 거친 행동으로부터 자신을 보호할 수 있게 됩니다. 가족 내에 문제가 있거나 가정이 안전하지 않은 경우, 아동을 보호할 수 있는 효과가 있습니다(소설 제인 에어를 이런 점에서 흥미롭게 읽을 수 있겠군요).
- 물론 일과가 매우 체계적인 스케줄(예 : 수업, 종교 활동, 스포츠 활동, 숙제, 여행 등)로 돌아가는 기관들이 있습니다.
- 선생님들이 모든 환경에 함께합니다(기숙사 사감들도 선생님으로 구성되고 기숙사마다 튜터를 배치합니다). 선생님과 관리 스태프 간에 명확한 구분이 없습니다.

가족이 가지고 있는 기숙학교 리스트를 살펴볼 때 다음과 같은 질문들을 위의 문제들과 함께 생각해 볼 수 있습니다.

- 현재 우리 아이가 받는 교육보다 수업시간이 더 많은가?

- 우리 가족이 제공할 수 없는 전체적으로 좋은 삶의 질을 우리 아이에게 제공하는가?

- 우리 아이에게 안전한 곳으로, 압박감으로부터 우리 아이가 좀 자유로워질 수 있는가? 가족에게는 마음 아픈 부분과 관련 된 질문일 수 있기에 가족으로서 이 문제는 특히 민감할 수 있습니다. 하지만 가족이 받는 부담이 너무 커서 가족과 함께 있을 때 문제행동이 더 나빠지거나 가족 모두를 살릴 돌파구가 필요할 때가 있습니다.

- 우리 아이가 현재보다 더 계획적인 일과의 삶을 가지게 될 텐데, 이러한 일상이 우리 아이에게 적합한가? 발달장애를 겪는 모든 아이들이 짜인 일과에서 더 잘 지내는 것은 아닙니다. 개인차가 분명히 있고, 이는 발달장애가 없는 아동들에게도 마찬가지 입니다.

이런 질문들이 기숙학교가 여러분의 자녀를 위한 선택 중 하나로 가족들과 함께 고려할 때 도움이 되기를 바랍니다.

이런 것들은 일반적으로 생각해 볼 수 있는 쟁점들로, 생각하고 계신 기숙학교(들)가 이런 장점들을 제공한다면, 한 번 방문하실 차례입니다. 학교를 방문할 때 부모로서 어떤 점들을 눈여겨 보아

야 할지 자녀에게 어떤 것이 맞는지 알 수 있을까요? 다음과 같은
사항을 고려해 볼 수 있을 것 같습니다.

- 학교가 제공하는 팸플릿을 먼저 한 번 보세요. 거기에 적힌 그
  대로를 실제 학교 방문 때 볼 수 있을 거라는 기대는 버리시되
  그것들을 학교에 방문하실 때 하나하나 살펴보시길 바랍니다.
- 교장/원장이 학교의 아이들과 관련자들을 잘 알고, 그들과 잘
  지내는지 보세요.
- 학교 방문 시 학생들이 의미 있는 활동들을 하며 시간을 보내
  는지 보세요.
- 학교의 사람들과 대화를 나눠 보고 그들이 자신의 일을 통해
  아이들에게 어떤 영향을 끼치는지에 대해 어떤 생각을 가지고
  일하는지 알아보시고, 일하는 게 즐거운지, 보람 있는지 알아
  보세요.
- 기숙학교의 모든 일에 교사가 관여하는지 저녁시간 대와 주말
  에도 배치되어 있는지도 확인하세요.
- 학교에 있는 분들의 경험이 얼마나 풍부한지 어떤 점들을 힘
  들어하는지 한 번 물어보시고, 우리 자녀의 문제에 어떤 영향
  을 끼칠지 생각해 보세요.
- 학교에서 행동치료에 대한 전문가가 있다고 홍보했다면 좀 더

구체적으로 물어보세요. 학교 관련 첨부자료의 지침서에서 더 상세한 자료를 얻을 수도 있을 것입니다.

이 모든 조건을 갖춘 학교는 아마 없을 것입니다. 완벽한 학교란 없으니까요. 적어도 위의 질문들이 기숙학교가 당신의 자녀에게 또 당신의 가족에게 맞는 선택인지, 어떤 학교가 여러분의 각 가정이 그리고 있는 목표를 가능하게 할지 고려하는 데 도움이 될 것입니다.

기숙학교가 과연 맞는 선택인지를 가족이 의논하는 데 도움이 되기를, 그리고 이 글이 기숙학교가 어떤 취지에서 존재하는지에 대해 생각해 볼 수 있는 기회가 되기를 바랍니다. 기숙학교를 생활의 골칫거리를 처리하는 장소, 문제행동들을 모아 놓는 '특별한 장소'로 생각하는 한 과거와 현재의 실수, 폭력, 만행은 멈출 수 없습니다. 기숙학교가 가지고 있는 고질병을 전제로 서비스할 수밖에 없으니까요. 기숙학교를 더 이상 '치료 목적의 분리'가 아닌 '교육적 탁월성'을 위한 곳이 되도록 만들어야 할 것입니다. 그러면 기숙학교가 마지노선의 최선책으로 남겨진 옵션이 아닌 전문가의 보호 아래 충분히 고려해 볼 만한 긍정적인 옵션이 될 것입니다.

Section 5

마지막으로
드리는
편지

Section 5

마지막으로 드리는 편지

2011년 9월, 저는 40년의 임상 심리학자로서의 삶을 내려놓았습니다. 임상 심리학자로서의 저의 삶은 다양한 발달장애로 고생하는 사람들에게 필요한 것이 무엇인가를 중심으로, 특히 중증 발달장애를 가진 이들을 위해 노력해 왔습니다. 저는 정신건강과 관련된 장기 투숙이 가능한 병원, 특수학교, 전문가 진단 및 평가 기관, 데이케어센터, 여러 종류의 기숙학교뿐만 아니라 부모님을 위해서도 일했습니다. 영국뿐만 아니라 캘리포니아와 싱가포르에서도 임상가로서, 또 가르치는 사람으로서 지냈습니다. 제 삶에 주어진 많은 기회들을 감사하게 받아서 중요하다고 할 만한 업적을 남겼다고 (제 스스로는요!) 생각합니다. 그러나 많은 일 중에 제 심장 바로 옆에 자리 잡은 것은 발달장애아를 둔 가정과 함께했던 순간들입니다.

가족은 아동에게 가장 큰 영향을 주는 존재로 아동에게 가장 절대적인 지원 집단입니다. 저희 전문가들은 가족의 역할 없이 아동에게 의미 있는 결과를 가져올 수 없다는 것을 일찍부터 느끼고 있었습니다. 부모 역할이 실제로 어떠한지를 알고 정말 놀랐고, 각 가정에서 부모님들이 역할을 해주실 때 통찰력이 빛을 발하고 변화가 시작되는 일을 종종 경험했습니다. 만났던 가정들을 통해 저는 많은 걸 배웠고, 특히 일상에서 만나는 현실적인 문제에 임하는 자세와 인내에 대해 배웠습니다. 물론 모든 가정이 그렇게 아름답기만 하지는 않습니다. 가족이 제 기능을 하지 못하는 곳도 있고 부모가 부모 역할을 못하는 곳도, 과격한 부모님들도 있습니다. 이런 면에 대해 가르칠 때 제가 꼭 하는 말이 있는데요, 제 경험에 의하면 '발달장애아의' 가정에 존재하는 문제들은 '발달장애아를' 다루는 사람의 가정과 그리 다를 게 없다는 사실입니다. 사실 가정의 문제는 오히려 훨씬 적을 수 있을 것 같습니다! 안타깝게도 이를 증명할 연구는 없지만요!

돌이켜 보면 부모님들과 함께 일하던 시간들에 대해 매우 감사해집니다. 정말 많이 배웠어요. 제가 배운 만큼 저도 그 가정들에게 도움이 되었기를 바랄 뿐이죠. 이 책은 그런 감사를 전하고 싶은 마음에서 시작된 것이기도 합니다. 특히, 이 책은 저와 만나서 같이 고민하고 함께 노력했던 가족들, 제가 정말 도움이 되었기를 간절히 바라는 그 가정들을 기반으로 쓴 책입니다만, 제가 한 번도 본 적이 없는 가정과 아마 앞으로도 만날 기회가 없는 가정들에게도 이 책이 작은 도움이 되길 바라는 마음이 큽니다.

제 개인사를 좀 덧붙이자면 일가친척 중에 다운 증후군 아이 하나와 중증 자폐증 아이가 하나 있습니다. 그 두 가정의 부모들은 아이들에게 가능한 삶을 위해 매우 특별한 일, 즉 매우 어렵기도 하고 매우 다르기도 한 양육을 하고 있습니다. 그들의 앞으로의 여정에 제 책이 작게나마 도움이 되기를 또한 바랍니다.

이런 뭉클한 마음과 더불어 화가 나는 측면도 있습니다. 제가 처음 임상가가 되었을 때는 부모님들이 마주하게 되는 양육과 관련된 문제에 어느 정도의 이해가 있었고 곧 더 깊이 이해하게 되었으며 건설적으로 이 문제에 대응하기 위해 어떤 도움이 각 가정에 필요한지에 대해 일찍부터 알 수 있었습니다. 고도의 연구를 필요로 하는 일도 아니었습니다. 가정에 필요한 실질적인 팁을 드리고 각 문제에 대한 전문적인 조언을 받을 수 있게 하고 어떤 때는 하소연을 통해 문제의 실마리를 찾을 수 있게 귀를 열어 드리는 것이었습니다. 금방 결과가 나오기도 했습니다. 하지만 저 또한 이런 일의 중요성을 잊게 되었습니다. 지난 20년을 생각해 봐도 수백 명 아니 수천 명의 가정을 만나면서 극소수를 제외하면 이런 기본적인 가정에 대한 지원 서비스에 대해 전혀 접근이 불가한 가정이 대부분이었는데, 이를 저와 같은 임상가들만 알고 있었고, 따라서 그 가정들의 삶이 더 나아지는 데 보탬이 되지 못했다는 생각이 듭니다. 그래서 화가 납니다. 화가 많이 납니다. 이 책이 각 가정에 작은 도움이 될 수는 있겠지만 제대로 된, 집에서 가까운 곳에 있는 가정지원센터를 대체할 수는 없습니다. 발달장애를 안고 사는 이들을 위한 지원과 서비스는 많이 개선되었을지 몰라도 그들의 가정에 대한 관심은 유감스럽게도 극히 적었습니다. 가족은 대부분의 아이들이 제일 많이 기대는 유일한 사람들이고, 이 유일한 사람들은 저희 전문가들의 노력이 헛되지 않고 좋은 결과를 가능하게 하기 위해서 꼭 함께 발을 맞추어야 하는 유일한 사람들이기도 합니다. 정책과 관련된 일을 하시는 분이 이 책을 읽게 되신다면 이 책은 이런 부분이 개선되어야 할 필요성을, 가정을 위한 지원의 정책적 필요성을 피력하는 책임이 있다고 말씀드리고 싶습니다.

프로그램 및 서비스 평가 가이드
건설적이고 행동적인 도움

이 가이드는 존 클레멘츠와 이와 자코우스카의 자폐와 걱정되는 행동(*Behavioural Concerns and Autistic Spectrum Disorders*, 2000)의 제14장을 기반으로 부록 3에 수록한 것으로, 함께 읽으시면 다음 페이지에서 보실 요약본의 이해를 도울 것입니다. 이 평가 가이드는 행동적이고 도움적인 측면에서 프로그램 및 서비스의 강점과 약점을 보는 눈을 키워 주기 위함이지, 프로그램 및 서비스 평가를 완전히 이해하기 위함이 아님을 먼저 알려 드립니다.

프로그램 및 서비스의 중요 영역을 5점 척도로 계산할 수 있는데, 한 눈에 각 강점과 약점을 더 쉽게 보이기 위함일 뿐, 숫자 자체는 다른 의미로 해석될 수 없습니다. 또한 정확히 몇 점이 좋은 것인지도 정해져 있지 않습니다. 따라서 원한다면 평가기준점을 중심으로 본인이 자의적으로 해석할 수 있을 것입니다.

처음 10개 항목에 대한 평가기준점은 다음과 같습니다.

1. 증거 자료 없음

2. 부족하나 증거 자료가 있긴 있음

3. 어느 정도 증거 자료 있음

4. 확실한 증거 자료 있음

5. 매우 확실한 증거 자료 있음

마지막 항목(담당자/스태프 교대)은 주어진 척도를 사용하시면 됩니다.

항목표

- 전반적인 철학이 서로를 위하고 오픈되어 있음

  (배타적이지 않음)

      1   2   3   4   5

- 중증행동과 관련된 기록을 추적할 수 있는 시스템

      1   2   3   4   5

- 자폐에 대한 지식 정도 혹은 자폐에 대해 알고자 하는 정도

      1   2   3   4   5

- 전반적으로 제도와 조직이 잘 구성되어 있음

      1   2   3   4   5

- 체제의 구조와 구성력이 좋음

1	2	3	4	5

- 정보 전달에 있어서 시각적 지원의 활용도

1	2	3	4	5

- 서비스가 행동에 국한되기보다 삶의 질에 맞춰져 있음

1	2	3	4	5

- 충분히 염려스러운 결과를 초래할 행동을 줄이기 위해 긍정적인 자세로 일관적인 접근을 함

1	2	3	4	5

- 위험이 지각되는 행동이나 상황을 수습하는 데 심사숙고를 통한 일관적인 접근

1	2	3	4	5

- 권위적이라기보다 협조적인 분위기

1	2	3	4	5

- 담당자/스태프가 바뀌는 주기는

1	2	3	4	5
연간 65% 이상	연간 50~65%	연간 35~50%	연간 20~35%	연간 20% 이하

저자

존 클레멘츠(John Clements)

40년이 넘게 발달장애를 전문으로 다룬 임상심리학자로, 영국의 국민 의료제도 (NHS)와 대학교에서 활약하고 있으며 미국 캘리포니아 주에서 자폐아 및 그 가정을 위한 행동자문위원으로 지냈습니다.

역자

김미경

영국 케임브리지대학교에서 다양한 문화권에 속한 사람들의 감정 표현에 대한 박사논문을 마무리 중인 언어심리학자입니다. 하버드대학교에서 교육학 석사와 신학 석사 학위, 연세대학교에서 심리학과 신학 학부 전공을 통한 학문적 지식뿐만 아니라 학교와 병원에서의 임상경험을 바탕으로 영어와 한국어 모두에 노출되어 있는 어린이, 청소년 및 대학생의 건강한 정서발달과 언어사용을 위해 힘쓰고 있습니다.